AF299394

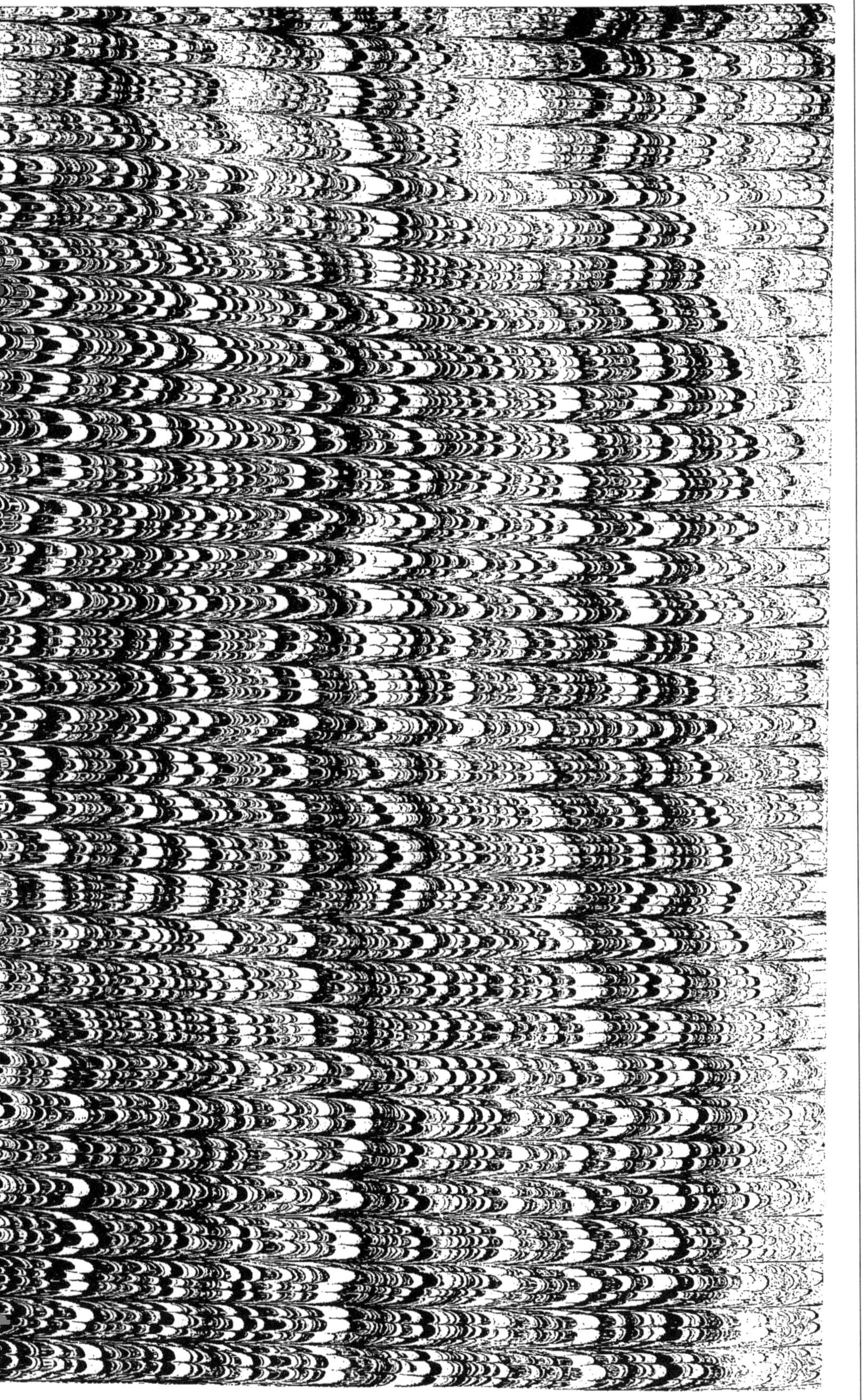

Souvenirs, regrets, amitiés, reconnaissance

Proust.

3. VII. 93

MEUDON

BELLEVUE ET CHAVILLE

Extrait des *Mémoires de la Société de l'Histoire de Paris et de l'Ile-de-France*, t. XX (1893).

MEUDON

BELLEVUE ET CHAVILLE

PAR

LE VICOMTE DE GROUCHY

PARIS

1893

8°2 de Senne 8163

MEUDON

BELLEVUE ET CHAVILLE.

Le magnifique panorama que l'on découvre des terrasses de
Meudon[1] et de Bellevue et qui embrasse tout Paris, depuis Vincennes jusqu'au Mont-Valérien, est trop justement célèbre pour
que nous ayons à en donner ici la description. Quel n'est en effet
le Parisien ou le touriste qui n'ait eu à l'admirer ? Mais, parmi
les promeneurs, parmi les habitants même, combien en est-il qui
connaissent l'histoire des Maisons royales qui étalaient jadis leur
splendeur sur la colline, et dont il ne reste plus rien aujourd'hui ?
Fort peu, nous le craignons; aussi allons-nous essayer de racon-
ter ce qui s'est passé en ce coin du Parisis. Puisse ce récit, fruit
de longues recherches[2], intéresser quelque peu nos lecteurs et

---

1. Celle-ci est à 104 mètres au-dessus du niveau de la Seine, à peine
inférieure de 1^{m}50 au Mont-Valérien.

2. Nous nous sommes principalement servi, pour mener à bien ce travail,
d'un manuscrit coté 85, appartenant à la Bibliothèque de l'Université de
France, à la Sorbonne, et des manuscrits 1666 et 1666 A de la Bibliothèque
Mazarine, qui semblent, le premier en ses feuillets épars, les seconds par
leur précision et leur collection de portraits des possesseurs de Meudon,
avoir été comme des notes rassemblées par des chercheurs inconnus pour
une histoire qui ne fut jamais écrite. — Sur place, nous avons consulté les
Archives municipales, les actes de l'État civil (ils commencent le 21 octobre
1577, mais il y a de nombreux feuillets perdus), les titres du Presbytère,
les actes de diverses propriétés et des papiers de famille que leurs déten-
teurs nous ont confiés avec la plus exquise bonne grâce, dont nous ne saurions assez les remercier. Nous avons visité avec le plus grand fruit les
collections de M. Simmen, habitant du lieu, auquel il a voué un véritable
culte ; son concours nous a été des plus précieux, et nous sommes heureux
de lui adresser ici un public hommage de notre reconnaissance. Nous avons

faire qu'après nous avoir lu, on ne dise plus, comme au temps
de Saint-Simon : « Quelle surprise de s'entendre demander qui
« était ce Monseigneur, qu'on a ouï nommer et dire qu'il était
« mort à Meudon ! »

I.

LES MOINES.

Aux temps préhistoriques, Meudon était déjà habité, ainsi que
le prouve la découverte de monuments celtiques, faite en juillet 1845, par le docteur Robert, dans l'axe et à mi-longueur de
l'avenue de Bellevue, de grandes tables oblongues, des squelettes,
appartenant aux types Gall et Kimry, et de nombreux ustensiles,
etc.[1]. A la porte de Meudon, dans les bois de Clamart, près du
Trou-aux-Loups, on a aussi trouvé, en 1885, des outils en silex.
Tout cela démontre bien que les hommes se sont réunis sur la
colline de sable nommée *Mol-Dun*, dont le nom fut altéré en
Modunum, Moldonium, Meodum, Meudunum, Meudon[2].

Il est acquis maintenant que Meudon n'est pas le Metiosedum
où Labienus vainquit Camulogène[3].

Au VIe siècle, une partie du territoire de Meudon fut donnée

---

eu à notre disposition, à Versailles, les Archives départementales ; à Paris,
les notes de notre savant confrère M. de Boislisle, ainsi que le minutier
de plusieurs notaires, entre autres celui de Mes Galloys et Caillet ; nous
avons fait d'utiles recherches à la Bibliothèque nationale (manuscrits et
estampes) et à celles de l'Arsenal, de l'Institut, etc.; les papiers des RR.
PP. Capucins nous ont été ouverts ; aux Archives nationales, les cartons
de la série O[1] nous ont réservé de fort aimables surprises ; n'oublions pas
de mentionner les Archives du Ministère des Affaires étrangères pour la
correspondance de Servien et celles du Ministère de la Guerre pour les
papiers de Louvois.

1. Les dolmens sont aujourd'hui à l'entrée de la terrasse à gauche, les
ossements et les débris au musée de Saint-Germain.

2. Bibliothèque Mazarine, ms. 1666 : « Modunum a monte seu duno, in
« quo positum est, nomen recepit ; Modum in veteri polyptico dictum,
« Meodum in alio veteri, Medo in recentiori, Moldum in alio veteri ; alias
« in decanatu Castri Fortis. » Le Doyenné de Châteaufort était situé au sud-
ouest de Paris, entre celui de Montlhéry et celui de Montmorency ; Meudon
et Clamart en dépendaient. Il était placé dans l'archidiaconé de Josas.

3. *Bulletin de la Société de l'histoire de Paris* (1881), t. VIII, p. 163.

par Childebert à l'abbaye de Saint-Vincent, depuis Saint-Germain-des-Prés[1].

En 1150, Amaury de Decima voua ses deux filles à l'abbaye des Hautes-Bruyères, « pour y servir Dieu toute leur vie en habit « de religieuses, » et leur assigna un muid de froment à prendre sur la dîme de Meudon. — Robert, abbé de Saint-Germain-des-Prés, affranchit de cens, par une charte de 1192, en faveur de Rodolphe de Cailly, une maison sise à Meudon, moyennant un arpent de terre. — Un abbé de Saint-Victor, Jean, promit, en 1226, aux religieuses de Saint-Germain, que, sur les vignes qu'il avait à Meudon, en leur censive, il leur fournirait annuellement deux muids et demi de vin, au lieu de deux muids seulement qu'il leur servait auparavant, à condition qu'il jouirait à perpétuité de ces vignes. — Amaury d'Issy, du consentement d'Edeline, sa femme, vendit, en mars 1231, moyennant 100 livres parisis, à l'abbé de Saint-Germain-des-Prés, la mouvance de la seigneurie de Meudon, qu'Étienne de Meudon, chevalier, tenait en fief d'Amaury, laquelle mouvance consistait en la dîme entière du blé et du vin dans toute la seigneurie. De cet acte, confirmé l'année suivante par Étienne de Meudon, qui, à cette occasion, reçut de l'abbaye 570 livres parisis, provint le droit de censive exercé par les religieux jusqu'en 1570[2].

---

1. On peut consulter à cet égard, aux Archives nationales, les cartulaires (LL. 1078 et 1079) où il est dit que l'hôtel seigneurial du lieu appartenait à l'abbaye ; un registre de saisines mêlées de 1366 à 1374 (LL. 1036), et un cahier d'ensaisinement de 1366 à 1374 (LL. 1076). — Il existe aussi, au dépôt de la rue des Francs-Bourgeois (LL. 1080), un magnifique registre en parchemin, avec miniatures, encadrements et lettres ornées, dans lequel nous voyons que, le dimanche 27 et le mercredi pénultième jour de janvier 1518, Jean de Tréfons et Pierre Crozon, notaires à Paris, à ce requis par les religieux de Saint-Germain-des-Prés, se transportèrent à Meudon, où, à l'aide de Gilles Cochon, sergent fieffé du Roi au Châtelet, ils relevèrent le terrier. Ce précieux document a paru digne de figurer au musée des Archives.

Il y a là encore quelques pièces détachées, dans l'une desquelles (T. 163) est marqué, à la date du 14 septembre 1347, un transport fait par Étienne Boulard, chevalier, et Marie Le Boucher, sa femme, à « Messieurs de Saint-Marcel, » de la portion qu'ils avaient eue des vignes de Meudon, pour leur part de 40 sous parisis légués au chapitre par Jean Le Boucher, doyen de Saint-Marcel, frère de la dame Boulard, à qui il revenait 13 s. 4. d. parisis sur lesdits 40 sous.

2. Archives nationales, O¹ 3825, et Bibliothèque de l'Université, ms. 85.

Vers 1258, l'abbaye acheta, moyennant 80 livres, de Guy de Chevreuse et d'Hélysende, sa femme, trois arpens de vignes à Meudon, qui étaient en la censive de l'abbaye, et dont Henri de Chevreuse, chevalier, se constitua pleige. Dans tous les pouillés de Paris, la cure de Meudon est dite à la pleine collation de l'évêque diocésain. Le premier dénombrement de bénéfices remonte au XIIIe siècle; à cette époque, les religieux de Saint-Germain se disaient gros décimateurs du lieu, et ce fut en cette qualité qu'ils cédèrent, en 1244, au prieur de Saint-Martin-des-Champs, gros décimateur de Clamart, le droit de reportage des dîmes des terres cultivées sur le territoire de ce nom par les habitants de Meudon. En 1245, l'abbé de Saint-Germain-des-Prés, voulant obliger les religieux de son abbaye, retrancha de sa mense des vignes qu'il avait achetées en 1228, sur le territoire de Meudon, et les leur donna. L'abbaye avait là un pressoir et, suivant un bail passé devant Hugues Aubryot, prévôt de Paris, en 1310, possédait une maison au lieu dit *le Petit-Val*[1].

Au mois de mars de la même année 1245, Jean de Laticinio, orfèvre et bourgeois de Paris, fit donation à Amicie, abbesse de Port-Royal, et à son couvent, d'un pressoir sis à Meudon, dit le pressoir du Comte ou des Cotignies, de huit arpens de vignes et de soixante sols parisis de menu cens, pour tenir lieu de portion héréditaire à ses deux filles, Marie et Agnès, admises à être religieuses dans le même couvent[2]. Nous avons rencontré d'ailleurs, dans les terriers de Meudon, l'indication de nombreuses pièces de terre appartenant à Port-Royal.

Pierre, maire de Meudon (major de Moduno), légua, en 1284, dix sols parisis au curé, trois sous au chapelain et deux sous au clerc, ainsi que dix sous à l'église du lieu. — Le prévôt des marchands de Paris ayant saisi, en 1306, des mesures à grains étalonnées de la marque de l'abbaye chez un particulier de Meudon nommé Adam Thobie, il y eut une transaction entre les parties en faveur des religieux; cette transaction fut homologuée au Parlement de Paris le 28 avril 1307[3].

Pierre, seigneur de Meudon, et Marie, sa femme, firent dona-

---

1. Archives nationales, O[1] 3825.

2. Archives nationales, O[1] 3806, et Cartulaire de Port-Royal, Bibliothèque nationale, mss., fonds latin, 10997 et 10998.

3. Archives nationales, O[1] 3825.

tion aux religieux, par acte du mardi après la Toussaint 1272, de la justice du lieu, du ban de la vente du vin qu'ils avaient dans tout le village, pour six semaines, et d'une maison devant l'église. Robert de Meudon vendit, le mercredi avant la Saint-Luc, 1307, la maison du four banal, moyennant 300 livres parisis, à Geofroy Cocatrix, échanson du Roi, lequel la donna à l'abbaye[1].

A partir de cette époque, nous ne rencontrons que peu d'actes relatifs aux religieux, si ce n'est celui-ci à l'état civil : « Le « 1er novembre 1619, fut inhumé un petit garçon, nommé Pros-« per Bonnet, natif de Tours en Touraine, décédé au logis de « Messieurs les religieux de Saint-Germain-des-Prés, lequel avait « suivi le convoi de Monseigneur de Guise[2]. »

L'Hôtel-Dieu de Paris possédait beaucoup de biens à Meudon, parmi lesquels un pressoir et 37 sous de rente donnés sur une auberge par Henri de Villetaneuse en 1270, une maison dans la Grande rue et une près la Maladrerie, données par Bernard Sauvage, bourgeois de la capitale. Il en était de même de Notre-Dame de Paris; nous renverrons à leur histoire pour en connaître le détail.

Dans la collection Charvet, vendue en 1883, figurait un sceau de Meudon représentant une tête d'évêque entre deux quintefeuilles : c'est un ouvrage du xive siècle, dont on a attribué bien à tort la possession à Rabelais.

II.

LES SEIGNEURS.

A côté des moines, il y eut au moyen âge plusieurs familles qui possédaient à Meudon de nombreuses terres dont l'infini détail et les modifications nous ont été conservés dans un gros registre des Archives nationales, intitulé *Inventaire de Meudon*, et coté O¹ 3825[3]. Il existait aussi des seigneurs qui portaient le nom de Meudon et dont les armes étaient : *gironné d'or et de gueules de douze pièces, brisé d'un lambel d'argent*[4]. On peut en établir ainsi la suite, d'après le Père Anselme :

1. Bibliothèque de l'Université, ms. 85.
2. Registres paroissiaux de Meudon.
3. C'est le terrier établi en 1723, ainsi que nous le verrons à cette date.
4. Bibliothèque Mazarine, ms. 1666 A.

Étienne et Marie;

Pierre, Marie, Amaury;

Robert et Ameline;

Henri et Perrenelle de Maussigny;

Jean I, Jacqueline, veuve de Manessier de Vé, sa première femme, et Mahault Flotte de Revel, la seconde;

Jean II, dit Bureau, Isabelle de Givry;

Adam de Gaillonel, Marguerite de Meudon, sa femme, fille de Jean I et de Mahault Flotte;

Jean de Montrevel, dit l'Hermite de la Faye, Jeanne de Gaillonel.

Après eux, nous verrons comme possesseurs de la terre Ysbarre, les Sanguin, les Guise, les Servien, Louvois et le grand Dauphin.

Erkembold de Meudon est cité dans une charte de Maurice, évêque de Paris, en 1180, et Mathieu de Meudon est indiqué dans une lettre de même évêque en 1196; enfin, en 1217 : « Ma- « thæus de Meudon, miles, dedit monialibus Sanctæ Mariæ de « Poreggio tria sextaria et totidem hybernagii in sua decima de « Meudon. »

Amaury figure au Parlement de la Chandeleur 1235, où les bourgeois de la capitale furent condamnés à payer les cens que leur demandait le châtelain de Meudon pour les terres qu'ils avaient dans la mouvance de sa seigneurie.

L'official de Paris constata, le 4 octobre 1264, qu'Étienne de Meudon et sa femme abandonnaient à l'abbaye de Saint-Germain-des-Prés, en échange de quelques terres, leurs droits de gruerie sur les bois situés dans la châtellenie de Paris.

Robert, sa femme et son fils sont inhumés au prieuré d'Hennemont près de Saint-Germain-en-Laye.

Henri de Meudon, grand veneur du Roi, vers 1340, se trouvait en « l'ost de Bouvines. » Il avait un frère, Jean, qui, chanoine de Noyon, légua en 1343 un manoir qui valait 30 livres de rente, sis au Val de Meudon, aux Chartreux de Paris, qui le conservèrent jusqu'à la Révolution [1].

---

1. Ce manoir était situé près de la Seine, à l'embouchure du ruisseau d'Artelon, qui séparait la paroisse de Meudon de celle d'Issy. Tous les anciens plans dénomment *clos des Chartreux* le lieu où ces religieux avaient une ferme. En 1661, Bernard Potier, marquis de Blérencourt, fit aumône aux

Le 2 novembre 1366, devant Guillaume de Mantes, prévôt de Saint-Germain-en-Laye, Jeanne Lotté vendit à Jean de Meudon et à Mahault Flotte de Revel une plâtrerie sise à Meudon[1].

Jean II de Meudon mourut en 1371, et son fils Jean, dit Bureau, ainsi que Marguerite, sa fille, qui avait épousé Adam de Gaillonel, chambellan du Roi, se partagèrent les biens du défunt devant Terrenoire et du Breuil, notaires au Châtelet de Paris, le 11 juillet 1388.

Adam de Gaillonel reçut, le 30 janvier 1397, de Marguerite[2] la Giffarde, veuve de Pierre Boudrac, foi et hommage pour une terre sise derrière le châtel de Meudon[3].

Tout cela est fort confus, nous le reconnaissons, car nous n'avons trouvé aucune trace du séjour des seigneurs à Meudon (ils semblent avoir plutôt résidé à Saint-Germain-en-Laye) ; mais, à partir du moment où nous sommes arrivés, l'histoire du lieu devient plus positive.

Par acte du mercredi 14 juillet 1415, passé devant Jacques Aubier et Étienne Boissart, notaires jurés au Châtelet de Paris, Jean de Montrevel et Jeanne de Gaillonel cédèrent à Augustin Ysbarre le fief noble appelé le *Chastel de Meudon*, auquel appartenaient 10 livres parisis de cens et de rente à prendre sur divers héritages, et qui relevait du seigneur de Marly, et ce moyennant 1,200 livres[4].

Augustin Ysbarre, d'origine lucquoise, était changeur et bour-

---

Chartreux du *moulin des Rosiers*, qui était auprès de leur ferme ; de ce *moulin à eau* vient le nom des *Moulineaux*. Le nom de *Val* fut alors donné au hameau qui perdit son nom de *Petit-Val*.

Le moulin des Rosiers était mû par le ruisseau d'Artelon, qu'alimentaient les fontaines d'Aubervilliers, des Lins, du Clos de la seigneurie de Meudon, la fontaine du lavoir de Fleury, située près de la seigneurie de ce lieu, et la fontaine de la Coulotte-aux-Moines. La source principale de ce ruisseau est au bas du versant nord de la plaine de Trivaux, dont le nom provient des trois vallées qu'elle domine, le val du ruisseau d'Artelon, le val de la fontaine d'Ursine, le val du ruisseau de Bièvre, qui se jette dans la rivière de ce nom à Jouy en Josas. Ce petit cours d'eau, après avoir arrosé quelques propriétés privées, est aujourd'hui utilisé par les blanchisseuses des Moulineaux et se perd, au delà du viaduc du chemin de fer, dans un égout qui aboutit à la Seine.

1. Archives nationales, O¹ 3825.
2. Archives nationales, O¹ 3825 et 3808.
3. Bibliothèque de l'Université, ms. 85.
4. Archives nationales, O¹ 3825.

geois de Paris; par son testament, reçu, le 18 août 1425, par
Bataille, notaire, il déclara être en société de monnaies avec Guillaume Sanguin, à qui il devait de ce chef 2,022 liv. 6 s. 4 d. Il
mourut le 14 novembre 1429.

Pendant qu'il était propriétaire de Meudon en 1416, les Bour-
guignons brûlèrent le village, et Jean Sans-Peur, leur duc, prit
alors « disner, giste et souper en l'ost près de Meudon. »

Au commencement du règne de Charles VII, un riche habitant de Paris, Jean de la Haye, dit Pinguet, possédait beaucoup
d'héritages à Meudon; le roi d'Angleterre les lui ôta pour les
donner à Michel de la Tellaye et ensuite, en 1423, à Dangeril,
son écuyer.

III.

YSBARRE ET SANGUIN. — LA DUCHESSE D'ÉTAMPES.

Une partie de Meudon, dite le fief des Carneaux[1], appartenait en 1354 à Guy de Goussainville : quand ses biens furent
saisis par Charles de Montmorency, Meudon figura dans cette
saisie pour 200 livres. Guy de Goussainville mourut sans enfants
et les Carneaux passèrent à Agnès, sa sœur. Mariée deux fois,
1° à Thibaud de Puiseux, mort en 1343, 2° à Philippe de Prie,
seigneur de Fontenay et de Mareuil, chambellan du roi de
Navarre, elle fut gouvernante des enfants de Charles VI, décéda
sans postérité le 25 avril 1374 et fut enterrée à Hérivault, ayant
joui de Meudon jusqu'à sa mort. Son héritier, Jean de Bray,
céda, le 3 septembre 1397, à Philibert de Saulx, chanoine de
Paris, les Carneaux, avec haute et basse justice. En retour, l'acquéreur lui donnait 10 livres de rentes et deux poinçons de vin
de Beaune par an. Celui-ci était frère de Jean de Sault, chancelier de Bourgogne, et fut évêque de Chalon en 1409. Il échangea
les Carneaux, quatre mois après les avoir achetés, avec Jean de

---

1. Rien n'indique avec certitude l'emplacement des Carneaux; on peut
supposer que la rue des Cordeliers, où il était situé, était la principale du
village. Ce fut successivement la rue des Ménétriers, de l'Égalité, des Francs-
Bourgeois, des Princes, de la République. Dans un plan de 1695, le potager
de la propriété Jacqueminot-Duchâtel, situé dans cette rue, est désigné
clos de la Seigneurie. Il est probable que la propriété dont ce clos dépendait se nommait *les Carneaux*.

Saint-Lotain du Voïgnon, contre un autre fief sis à Chingy, proche Orléans. Jean de Saint-Lotain du Voignon, maître ès arts en 1373, procureur de la nation de France en 1382, recteur de l'Université en 1392, était docteur en médecine et l'un des vingt-quatre *physiciens* de Charlès VI; chanoine de Paris, il y mourut le 12 mai 1425. Il avait, par acte passé devant Paris et Hardouin, notaires, le 15 mai 1399, légué Meudon à son neveu, Jean de Poligny, dit Cordier, huissier d'armes du duc de Bourgogne. Ce dernier céda sa terre, le 9 décembre 1425, à Pierre Godet, trésorier de Sainte-Hildevert de Gournay, lequel en fit hommage, le 8 mars 1426, au seigneur de Marly; mais Regnault de Saint-Lotain du Voignon, frère du défunt, s'opposa à la donation et vendit de son côté les Carneaux à Guillaume Sanguin, le 14 mars 1426, devant les notaires Jean François et Gérard Perrot, au prix de 2,800 livres. Cette vente fut confirmée par une transaction par laquelle Jean de Poligny renonça en faveur de Regnault de Saint-Lotain à la succession de son oncle, contre 101 liv. 2 s., qu'il reçut des mains de Sanguin, sur le prix de la vente. Après cette transaction intervint un arrêt du Parlement, du 4 juillet 1430, la confirmant et accordant à Pierre Godet 43 liv. 15 s. d'indemnité.

Le 15 mars 1430, devant les notaires qui avaient reçu l'acte de vente des Carneaux, Pierre Louvel, abbé de Saint-Magloire, et Barthélemy Martin, marchand de Lucques, exécuteurs testamentaires d'Augustin Ysbarre, cédèrent à Guillaume Sanguin les biens acquis par le défunt de Jean de Montrevel et de Jeanne de Gaillonel, moyennant 855 livres, à déduire de celle de 2,022 liv. 16 s. 3 d., à laquelle Ysbarre avait été condamné envers Guillaume Sanguin par jugement arbitral de Philippe de Morvilliers, premier président au Parlement de Paris, au sujet de la société de monnaies faite entre eux.

Ces Sanguin sont une famille parisienne trop intéressante pour qu'il ne leur soit pas consacré quelques lignes.

Jean Sanguin, changeur et orfèvre sur le Grand-Pont, avait épousé Philipote de Rozières, dont il eut Guillaume, l'acquéreur de Meudon. L'un des plus riches citoyens de la capitale, ce dernier fut anobli, le 22 décembre 1400, par Charles VI[1], ce qui ne l'em-

---

1. Les Sanguin portaient : *d'argent, à la croix endentée de sable, cantonnée de quatre merlettes du même.*

pêcha pas de continuer son négoce et de devenir prévôt des marchands et directeur général des monnaies. Il prit, en 1412, la qualité d'écuyer et d'échanson du Roi, puis celle de maître d'hôtel du duc de Bourgogne, auquel il prêta diverses sommes[1] pour lesquelles ce prince lui remit en gage de grosses couronnes d'or, et qu'il servit avec dix-neuf écuyers. Il n'avait pas été marié, mais il laissa deux enfants naturels, de deux mères différentes : Jean, dont nous allons reparler, et Perrette, née de Jeanne de Billy, fille de Jean de Billy et de Marie de Bellevoie. Son père fit légitimer cette dernière par le roi d'Angleterre et elle épousa : 1º Mathieu de Longueil, 2º Jean de Thieuville, qui avait été clerc de Sanguin.

Guillaume, après son acquisition, rendit hommage au seigneur de Marly et, le 26 décembre 1430, donna quarante septiers de blé aux habitants de Meudon. Il mourut le 14 février 1441; outre ses terres, parmi lesquelles était Meudon, il laissa pour plus de cent mille écus de meubles, non à son fils Jean, mais aux enfants de celui-ci.

Ce Jean, fils naturel, dont on ne connaît pas la mère, né en 1392, légitimé en mars 1401, fut anobli en mai 1414 et eut de grands procès pour la succession de son père, qui lui fut accordée, en usufruit seulement, le 15 septembre 1451.

Jean Sanguin avait épousé, le 15 septembre 1425, Yonne de Sèvres, dame du Gâvre d'Arras[2], fille de Jean de Sèvres et de Marguerite de l'Isle-Adam, laquelle décéda le 22 mars 1480; lui-même était mort le 13 novembre 1468. Meudon appartint dès lors à son fils Antoine, qui eut de grands démêlés avec l'abbaye de Saint-Germain-des-Prés pour l'exercice de la justice[3]. Il acheta, le 19 juin 1481, de Nicolas de Louvier, maître des comptes, le

---

1. Comptes du Trésor du Roi (Noël 1398), cités dans le manuscrit de la Bibliothèque de l'Université, nº 85.

2. « ... Le seigneur de Châteaufort eut une sœur, Jehanne, qui espouza « le seigneur d'Angerville, dont est issu Jehan de Sèvres, marié à Margue-« rite, fille de Anseau de Lisle, dont est issu damoiselle Yonne de Sèvres, « mariée à Jean Sanguin, fils de Guillaume, dont est descendu Antoine San-« guin, naguères Cardinal de Meudon. » (Extrait de la Généalogie des Lestendart, par J. de la Taille de Bonduroy. Bibliothèque nationale, Cabinet des Titres.)

3. Archives nationales, O¹ 3825.

tiers du fief de Beauvoir[1] et le partagea, le 9 juin 1486, avec
Martin Brice, bourgeois de Paris.

Antoine Sanguin[2] avait épousé Marie Simon, fille de Jean
Simon, seigneur de Marquemont[3]. Il en eut : 1º Antoinette,
mariée à N... de Pardieu, sieur de Boutteville; 2º Jean Sanguin,
propriétaire de Meudon après son père, maître d'hôtel du Roi,
lieutenant au gouvernement de Paris en 1534, mort vers 1539,
sans enfants de Marguerite de Sains, sa femme; 3º Antoine, le
Cardinal de Meudon; 4º Jeanne Sanguin, qui épousa Guillaume

---

1. Bibliothèque de l'Université, ms. 85. — Beauvoir était situé au point
culminant de la montagne, là où fut plus tard le Bastion des Capucins.

2. C'est de son temps qu'il faut placer la date, 1474, de la première
opération de la taille tentée par Germain Collot sur un franc archer de
Meudon, condamné à mort pour des larcins commis dans l'église du village; cette histoire se trouve partout.

3.   *Contrat de mariage de Antoine Sanguin et de Marie Simon.*

« Par devant Pierre Guillemeau et Jehan de la Varenne, clercs notaires
« au Châtelet de Paris, Catherine Millet, veuve de Jehan Simon, en son
« vivant conseiller et avocat du Roy en son Parlement, stipulant pour sa
« fille Marie Simon, d'une part, et Antoine Sanguin, écuyer, pannetier du
« Roi, et en son nom, d'autre part... Catherine Simon donne à sa fille
« 500 écus d'or à la couronne, tant d'Utrecht que du Rhin, 910 écus d'or
« neufs à la couronne, 1 mouton de Montpellier et 1 chat, 4 gros de Bre-
« tagne, 3 gros 1/2 du pape, 34 gros de Bourgogne, 13 francs, 14 sous
« parisis. Plus 25 écus d'or sur les 200 rapportés par Aignan de Saint-Mes-
« min, plus une chaîne d'or de 62 livres parisis, plus un diamant de 60 livres,
« plus 45 liv. 3 s. 2 d. parisis pour sa part des meubles, or et argent pro-
« venant de la succession de son père, plus 120 écus d'or pour sa part des
« héritages assis en la prévôté d'Orléans, payés à Antoine Sanguin par
« venérable et discrete personne Jehan Simon, archidiacre de Soissons,
« conseiller au Parlement, frere de la mariée. Plus 300 écus d'or pour les
« héritages sis hors la prévôté d'Orléans, que la dame Millet s'engage à
« payer en trois ans; plus 200 écus d'or que cette dame a payés comptant
« à Antoine Sanguin et qui seront rapportés à partage lors de la mort de
« ladite dame Catherine... Desquelles sommes le futur époux sera tenu
« d'employer 1,000 écus d'or en rentes propres à la future épouse. Le futur
« époux doue Marie Simon de 100 livres parisis de rente en douaire et
« promet la vestir, habiller et faire les frais des espouzailles et noces. »
Yonne de Sèvres, mère d'Antoine Sanguin, en faveur de ce mariage, consentait à ce que lui et les enfants qui en proviendraient vinssent à partager
dans sa succession avec ses autres enfants à elle.

« Ledict contract fut mis en grosse par Jean de la Varenne seul, le mer-
« credi 20 septembre 1486, pour ce qu'en ce temps, Pierre Guillemineau
« était allé de vie à trespas. » (Archives nationales, O¹ 3825.)

de Lauvin, sieur de Blérancourt; 5° Anne, mariée à Guillaume de Pisseleu[1], seigneur d'Heilly, par contrat du 19 février 1508, reçu par Pichon, notaire à Paris; sa dot était de 5,000 livres et son douaire de 1,200 livres de rente; devenue veuve, elle se porta héritière du Cardinal, son frère.

Le 18 octobre 1500, Jean Sanguin fit offrir au seigneur de Marly de lui rendre hommage pour Meudon; il signa au contrat de mariage de sa sœur Anne et passa bail de sa terre le 5 décembre 1515, mais ne la garda pas longtemps; ses registres de recettes et dépenses finissaient en 1517, et il y a apparence qu'il céda Meudon à cette époque à Antoine, son frère, d'autant que, par acte du 6 janvier 1518, Jean Lucas, vicaire de l'église, acheta un quartier de terre à « noble homme Antoine Sanguin, seigneur du lieu[2]. » Ce dernier, successivement évêque d'Orléans et archevêque de Toulouse, grand aumônier de France, cardinal, gouverneur de Paris, est connu dans l'histoire sous le nom de « Cardinal « de Meudon. » Il fut marguillier de l'église Saint-Martin de ce lieu et rendit ses comptes en 1523[3]. Ce fut lui qui fit commencer le premier château, et les deux dates de 1539 et 1540, gravées sur la trompe en tourelle de l'angle du côté du bourg et du parterre, que l'on voyait encore au temps de Louvois, donnent bien la date de la construction. Ce n'est pas Philibert de Lorme, comme on l'a dit parfois, qui en fut l'auteur, car il n'en est pas parlé dans son mémoire; le Primatice non plus, car il ne fut employé qu'à la construction de la grotte par les Guise. Le Boccador[4] pourrait bien avoir été chargé de la conduite des travaux de Meudon; cet artiste italien donna dans le même temps les dessins de l'Hôtel de Ville de Paris. Jean Sanguin, frère du Cardinal, avait été nommé lieutenant général de la capitale en 1534, Antoine Sanguin exerça à son tour la même charge dix ans plus tard; il

---

1. Guillaume de Pisseleu portait : *au 1 et 4 d'argent à trois lions de gueules, et au 2 et 3 d'azur à la gerbe d'or.* Il fut marié trois fois et eut trente enfants. (Manuscrit de la Bibliothèque de l'Université, n° 85.)

2. Bibliothèque de l'Université, ms. 85.

3. A. Leroy, *Floretum;* ouvrage sur lequel nous aurons à revenir.

4. Dominique Bernabei de Cortone, dit Boccador, disciple de Julien de San-Gallo, fut appelé en France en 1498. Il touchait alors 240 livres annuelles, comme « faiseur de chasteaulx et menuisier de tous ouvrages de « menuiserie. » La première pierre de l'Hôtel de Ville fut posée en 1533. Le Boccador mourut à Paris, au service d'Henri II, en 1549.

est probable qu'ils prirent l'architecte de l'Hôtel de Ville, à moins
encore que ce ne soit Serlio ; la décoration de Meudon était assez
dans son goût, et le Cardinal peut l'avoir employé pour faire sa
cour au Roi[1]. Cette date de 1539 nous est confirmée par la *Gallia
purpurata* de Pierre Frizon, où il est dit : « Anno M. D.
« XXXIX... Meudonium castrum ad Luteciam magnis condidit
« impensis[2], » et par Martin Zeiller dans sa *Topographia*[3]. Meudon frappa les contemporains par sa beauté, puisque, dans l'oraison
funèbre du Cardinal, Nicolas Boccherinus s'écrie : « Nam ille
« libenter e magno sumptu edificavit, testis... tam Lutecia quod
« ei fuit Tusculanum Meudonicum[4]. » Sanguin possédait une
nièce, Anne, fille de Guillaume de Pisseleu, seigneur d'Heilly
et d'Anne Sanguin. Elle avait dix-huit ans et était demoiselle
d'honneur de Louise de Savoie, mère de François 1er, lorsque ce
prince, rentrant en France après le traité de Madrid, en 1526, la
vit à Bayonne, en devint éperdument épris et lui sacrifia Diane
de Poitiers ; elle devint bientôt sa favorite. Le Cardinal de Meudon, avec une facilité de morale au moins étrange chez un prince
de l'église, fit aussitôt, le 21 novembre 1527, une donation entre
vifs, passée devant Debrion et Félin, notaires à Paris, à « Anne
« de Pisseleu, sa nièce, orpheline de père et de mère, afin qu'elle
« puisse plus honnêtement trouver parti, de la terre et seigneurie
« de Meudon, consistant en manoir seigneurial, pourpris et
« appartenances d'icelle, maisons, jardin et parc dudit lieu, avec
« la justice haute, moyenne et basse, sous la charge de l'usufruit
« et du retour, en cas de mort sans enfants. » Le 22 septembre
suivant, une prise de possession fut opérée devant Hélie et Tho-
merais, notaires à Paris, par « noble et sage homme Jean Benoise,
« procureur du Roi en ladite ville, parlant à la nommée Françoise,
« veuve d'Étienne le jeune, concierge du château de Meudon ; y
« ayant mandé Jean Olivier, prévôt, Jean Langlois, greffier, et
« Macé Lucas, procureur de ladite seigneurie, leur enjoignant,
« s'ils voulaient être maintenus dans leur office, de se transporter

---

1. Sebastiano Serlio, dit Bastiano di Bologna, peintre, architecte et gra-
veur, né à Bologne en 1475, mort à Fontainebleau en 1552, architecte de
ce dernier château, où il éleva la façade orientale de la Cour des fontaines.
2. Lutetiæ, 1638, in-fol., p. 601.
3. Francfort, 1660, in-fol., p. 325.
4. Bibliothèque de l'Université, ms. 85.

« dans son hôtel, rue de la Verrerie, à Paris, pour y obtenir lettres
« de confirmation de par ladite demoiselle. » Le 5 décembre 1528,
Anne fit hommage de son fief au seigneur de Marly[1].

En 1537, François Ier maria sa maîtresse à Jean IV de Brosse
dit de Bretagne, comte de Penthièvre, fils de René de Brosse et de
Jeanne de Cominel, pour qui le comté d'Étampes fut érigé en
duché, en janvier 1536.

Le 3 juin 1537, Antoine Sanguin, par acte passé devant Félin
et de Louvancourt, notaires à Paris, avait fait une nouvelle libé-
ralité à Madame d'Étampes, sans en rien retenir, avec la charge
de retour, faute d'enfants. En même temps, le duc et la duchesse,
en exécution de conditions tacites, sans lesquelles cette donation
n'eût pas été faite, délaissèrent à titre de ferme, pour vingt ans,
la seigneurie à Antoine Sanguin, moyennant 1,200 livres[2].

La terre allait s'agrandir d'une singulière façon : Jeanne de
Gaillonel, fille d'Adam et de Marguerite de Meudon, avait épousé,
le 29 juillet 1417, Guichard, sieur de Montagu-le-Blanc; le 4 juin
1492, Jean de Montagu, leur petit-fils, « demeurant au château
« de Bayonne, lieutenant pour le duc de Bourgogne à la garde
« dudit château, » fit don à Antoine de Haultbois, sieur de
Regnemoulins, contrôleur des morte-payes de Guyenne, d'une
maison sise à Meudon, au lieu dit des Bordes-sur-Seine, que
« souloit tenir feu Me Olivier, barbier du Roi, qui fut exécuté à
« Paris[3]. » — Le 7 août 1542, par-devant Me Letellier et Claude
Hallé, notaires à Paris, Antoine de Haultbois fit présent à la
duchesse d'Étampes, représentée par François de Faulcon, chanoine de la Sainte-Chapelle, de tous les droits qu'il avait sur la
seigneurie de Meudon, « pour lesquelz droitz lui et ses prédéces-
« seurs ont poursuivi et mis en procès au Châtelet de Paris Jean
« et Antoine Sanguin, détempteurs de la seigneurie de Meudon;
« cette donation faite en considération de ce que ladite seigneurie
« est de peu de valeur et que ladite dame y prend plaisir et y
« fait faire de beaux et somptueux édifices, et aussi pour la bonne
« amour que ledit de Haultbois a à ladite dame, et à la charge
« qu'icelle sera tenue poursuivre le procès et en acquitter le dona-
« teur. » Cette donation fut acceptée le 14 septembre, « à Salèles-

---

1. Archives nationales, O[1] 3825.
2. Archives nationales, O[1] 3809.
3. Archives nationales, O[1] 3806.

« lez-Narbonne, » devant Henri Sabatier, notaire audit lieu, en
présence d'Henri Turpin, maître d'hôtel de la duchesse, d'En-
guerrant de Cailly, secrétaire du Roi et de la duchesse, de Raoul
de Vienne, son argentier, et de Bernard Roquette, de Narbonne[1].

François Ier vint souvent à Meudon, et, suivant Brantôme, il
y passa une fois son carême; il s'intéressa à ce domaine, qui com-
mençait à peine à s'embellir, et, étant à Fontainebleau, en 1546,
il donna commission à Jacques Luilier, premier président de la
Cour des aides, et à Nicolas Viole, conseiller de la Chambre des
comptes de Paris, pour évaluer les terres qui devaient être
annexées au parc de la duchesse, les estimer et les payer aux particuliers[2]; il esquissa même le dessin des jardins. C'est là que ce
souverain donna des lettres de provisions de conseiller au Grand
Conseil à Étienne Faucher, évêque de Bordeaux, le 27 mai 1547[3].

Un arrêt de la Cour des aides de Paris fut rendu le 22 janvier
1550, entre le Procureur général, poursuivant en adjudication par
décret des biens de la succession de feu Antoine Juge, en son
vivant trésorier de la Reine, sis à Meudon, et ses créanciers
(parmi lesquels était Pierre de Potigny, gentilhomme d'Écosse,
ayant droit par transport de Rémond Forget, secrétaire de la
reine de Navarre). Le Cardinal de Meudon, qui avait obtenu un
délai, prétendant qu'il avait été enfermé au conclave, à Rome,
lors de l'élection du Pape, fut débouté de l'opposition qu'il avait
mise à ce décret[4].

Après la mort de François Ier, Diane de Poitiers força la
duchesse d'Étampes à quitter la cour; celle-ci se retira à Ville-
martin et y mourut, en 1575, dans l'exercice de la religion réformée. Meudon passa alors dans la maison de Lorraine.

Le village eut à cette époque un illustre habitant : le 8 septembre
1550, pour se couvrir de vingt écus d'or soleil que lui devait
Antoine Mazelin, commis de la chancellerie de la cour, frère de
sa femme, le célèbre chirurgien Ambroise Paré acquit le quart
indivis d'une maison sise rue des Pierres, contenant deux corps
de logis, l'un devant l'autre, avec un jardin, dix-neuf quartiers

---

1. Archives nationales, O¹ 3806.
2. Archives nationales, O¹ 1518.
3. Bibliothèque de l'Université, ms. 85.
4. Second volume des bannières du Châtelet, fol. 79; cité par le manuscrit de la Bibliothèque de l'Université, n° 85.

2

de vigne et une pièce de terre; parmi les créanciers de Mazelin se voyait le Cardinal de Meudon. L'immeuble en question semble répondre au n° 9 actuel. C'est dans une de ces vignes que Paré trouva un jour un crapaud vivant au milieu d'un moellon sans ouverture, ainsi qu'il le dit dans ses *Monstres et prodiges*. Le 22 décembre 1570, devant Canut et Des Nots, notaires à Paris, Claude Crespinet et Jeanne Paravis, du consentement de Jean et Antoine Crespinet, leurs enfants, vendirent à « noble homme « M⁰ Ambroize Paré, premier chirurgien du Roy, une maison « jouxtant la maison d'iceluy Paré, en la censive du cardinal de « Lorraine, moyennant 80 livres tournois[1]. »

IV.

LES GUISE.

Le nouveau propriétaire de Meudon était Charles, cardinal de Lorraine, né en 1525, celui que Saint-Simon nomme « le grand « et le pape d'en deçà les monts, celui du Colloque de Poissy et « du Concile de Trente. » Comme archevêque de Reims, il avait sacré Henri II, François II et Charles IX. Profond politique, il fut le persécuteur implacable des protestants, s'efforça constamment de neutraliser les mesures tolérantes de L'Hospital et conçut le projet de la Ligue.

Le 15 décembre 1552, Sanguin et, le 29, Anne de Pisseleu cédèrent Meudon au cardinal de Lorraine, s'intitulant alors légat-né du Saint-Siège, archevêque de Paris, pair de France, seigneur de Dampierre et de Chevreuse, moyennant 3,000 livres de rentes à percevoir sur Dampierre et rachetables 36,000 livres en un seul payement[2]. Les historiens de la maison de Guise pensent que cette cession ne fut pas positivement volontaire et que les Lorrains abusèrent de la situation pour se faire donner à bon compte une terre qu'ils convoitaient depuis longtemps.

Quoi qu'il en soit, il y eut jusqu'à neuf contrats pour cette seule mutation. Dans le premier, passé comme les autres, sauf le dernier, devant Rémond d'Orléans et Guillaume Des Nots, notaires

---

1. Archives nationales, O¹ 3825.

2. Bibliothèque nationale, ms. fr. 1165, et Bibliothèque Mazarine, ms. 1666 A.

à Paris, le 19 décembre, Sanguin renonçait à la clause de retour au donateur en cas de prédécès de Madame d'Étampes; dans le second et dans le troisième, ces deux derniers abandonnaient tous leurs droits sur Meudon à la maison de Lorraine; dans le quatrième, l'acheteur consentait que les vendeurs ne fussent tenus de garantir Meudon que jusqu'à concurrence de 36,000 livres; dans le cinquième, le cardinal de Lorraine promettait, conjointement avec Charles Hurault, conseiller au Parlement, et Christophe de Thou, secrétaire du Roi, de payer à Anne de Pisseleu 14,000 livres pour les meubles de sa maison de Limours, et 2,000 livres pour vingt et un mois d'arrérages du bail à ferme de la terre de Meudon, à elle consenti par son oncle; dans le sixième, les vendeurs donnaient décharge à l'acheteur; dans le septième, Madame d'Étampes transportait à Christophe de Thou, prévôt des marchands, les 3,000 livres de rente, moyennant le payement des 36,000 livres stipulées dans l'acte; dans le huitième, de Thou déclarait que ces 36,000 livres lui avaient été remises par le cardinal de Lorraine, dont il n'avait été que le prête-nom; dans le neuvième enfin, passé le 20 janvier 1553 devant les notaires Thuret et de Louvancourt, le cardinal laissait à Sanguin la jouissance en usufruit, sa vie durant, sans être tenu à payement, du bail à ferme générale qu'il avait pris de cette terre. La jouissance du château paraît aussi avoir été abandonnée au cardinal par Sanguin[1]. Tout cela, on le voit, est fort compliqué. Anne, duc de Montmorency, pair et connétable de France, reçut, le 4 janvier 1553, du cardinal de Lorraine, l'acte de foi et hommage, à lui dû, à cause de Meudon, relevant de Marly, dont il était propriétaire[2].

Louis Guillard, évêque de Châlons, fondé de procuration d'Antoinette de Bourbon, duchesse de Guise, comparut, le 20 février 1555, devant Mahieu et Bergeon, notaires à Paris, et se porta garant du cardinal de Lorraine, fils de la duchesse, pour 25 liv. 16 s. 6 d. de rente, faisant partie de 1,092 liv. 10 s. constituées à celle-ci sur l'Hôtel de Ville de Paris, pour tenir le cardinal quitte envers la duchesse d'Étampes de l'obligation à elle souscrite le 29 décembre 1552[3].

---

1. Manuscrit de la Bibliothèque de l'Université, n° 85.

2. Bibliothèque nationale, ms. fr. 11665, et Bibliothèque Mazarine, ms. 1666 A.

3. Archives nationales, O¹ 3825.

Le cardinal s'agrandit et acquit, le 11 février 1554, le fief du Colombier, d'Étienne Brice, auditeur des comptes; ce fief consistait alors en maison, grange, bergerie, cour et jardins, mare et appartenances, le tout clos de murs, contenant deux arpents et sis devant le château. Puis il acheta une maison aux Cottignies, entourée de quarante-cinq arpents de terre, à Benoît Le Grand, trésorier de l'extraordinaire des guerres, moyennant 4,000 écus soleil, le 9 novembre suivant; le 29 mars 1555, il paya encore 3,063 livres, à Robert de la Rivière et à Françoise de Dyonville, la ferme de Trivaux [1].

Charles de Lorraine aimait le luxe et était le plus riche bénéficier de France : alors dans tout l'éclat de sa fortune et de son crédit, il voulut avoir une demeure princière et fit achever, avec une aveugle somptuosité, par Claude Fouge, le château commencé par les Sanguin. Cet édifice offrait alors au centre un pavillon décoré de trois ordres d'architecture, avec des bas-reliefs représentant les saisons. Deux figures couchées contribuaient à la richesse du fronton, que surmontait un comble octogone, comme celui du pavillon de l'Horloge au Louvre; les deux ailes, ornées de pilastres et de colonnes, avaient, au rez-de-chaussée, une galerie qui soutenait une terrasse. Il était richement meublé et tendu, et les toits et les lambris étaient dorés.

Le cardinal fit construire au sommet de la colline, pour se procurer le plus magnifique panorama des environs de Paris, un second château, appelé la *Grotte*, qui excita l'admiration générale. Bernard de Palissy en parle dans ses œuvres, dit qu'il y a vu des fossiles et raconte que Philibert Delorme y voulut en vain amener de l'eau. Bouteroue en donne la description [2], qu'on retrouve dans d'autres écrivains, et même chez des étrangers : un voyageur allemand raconte qu'il y a vu les bustes de Jules César, d'Octave, de Tibère, de Caligula, de Néron, d'Othon, d'Aristote, de Démosthènes, de Cicéron [3].

Il y avait aussi là un *Automne* de marbre, de Jacques d'Angoulême, fort prisé des amateurs [4]. On y rencontrait aussi un

---

1. Bibliothèque de l'Université, ms. 85.

2. *Le petit Olympe d'Issy,* dédié à la royne Marguerite, duchesse de Valois, par Bouteroue, conseiller à la Cour des Monnaies. Paris, 1609, *passim.*

3. Abraham Goelnitz, *Ulysses belgico-gallicus* (Amstelodami, 1655, in-12). — Le voyage date de 1628-1630.

4. Blaise de Vigenère, *Tableaux de plate peinture de Philostrate,* et *Anno-*

bassin en forme de D. Était-ce là l'initiale de Diane de Poitiers,
de Diane de France, fille d'Henri II, de quelque princesse de la
maison de Lorraine? Nous ne le savons pas, l'existence de ce
bassin ne nous étant révélée que par sa démolition en 1696[1].
La grotte, dont de nombreuses gravures nous ont été conservées,
portait cette inscription : « *Quieti et Musis Henrici II.* »

Sous l'une de ces estampes, on lit ce quatrain prétentieux :

> La grotte dont Meudon vante tant la structure
> N'est pas un simple trou creusé dans un rocher,
> C'est un petit palais où l'art de la peinture
> Estale abondamment ce qu'il a de plus cher.

Dans ses *Illustres observations antiques* (1558, p. 95), Gabriel
Simeoni raconte avoir vu des statues antiques dans la grotte de
Meudon. « Vive Rome resurgens, s'écrie-t-il, vous l'avez renou-
« velée au château de Meudon... »

« Ad musas de antro Medono cardinalis Lotharingi, » dit
aussi La Boëtie (éd. Feugère, p. 367). « Ire vel aerii montem
« lustrare Medoni, » écrit L'Hospital en ses *Épîtres.*

Ronsard, qui a habité Meudon, dont une tour portait son
nom, ajoute dans une de ses églogues : « De là tu pourras veoir
« Paris la grande ville, » et continue :

> ... La grotte de Meudon,
> La grotte que Charlot (Charlot de qui le nom
> Est saint par les forêts) a fait creuser si belle
> Pour estre des neuf sœurs la demeure éternelle...

Placée dans les jardins, aux extrémités d'une longue terrasse, et
dont une partie devait servir à des bassins, elle consistait en trois

---

tations sur les descriptions des statues de Callistrate. « En 1552, dit-il,
« le cardinal de Lorraine fit construire à Meudon une grotte remplie de
« colonnes, de statues, d'ornements en stuc relevés d'or et d'azur, de por-
« traits et d'arabesques. Ledit chasteau fut tellement estoffé de toutes sortes
« de richesses qu'il est impossible de le réciter. » — Quant à l'*Automne* de
Jacques d'Angoulême, Blaise de Vigenère dit encore : « Je l'y ai veu autres-
« fois ayant esté faict à Rome, et autant prisé que nulle autre statue
« moderne. » — Jules-César Boulanger, *De picturâ*, déclare l'avoir vue
encore en 1659 et ajoute qu'elle était de marbre et excitait l'admiration
générale : « Omnes in admiratione rapit. » (*Revue universelle des Arts*,
t. III, 1856.)

1. *Comptes des bâtiments du Roi*, par notre confrère M. Jules Guiffrey;
ouvrage qui contient les plus curieux renseignements sur Meudon.

pavillons carrés et isolés les uns des autres. Le Cardinal ne fit achever que celui du milieu, les deux autres le furent par Louvois. On montait au bâtiment central par deux escaliers à découvert, adossés contre la terrasse que Sanguin avait fait construire, ils conduisaient à une salle, au niveau des jardins hauts, qui était recommandable par son plafond orné de peintures à fresques, exécutées sur les dessins du Primatice par son disciple Niccolo del Abbate[1].

Au-dessous de cette salle, au niveau des parterres du château, sur les jardins bas, se trouvait la grotte qui avait donné le nom au bâtiment, on y entrait par une terrasse qui régnait au-devant. L'intérieur en était revêtu de rocailles et de coquilles distribuées en compartiments avec des ornements de stuc et des niches où étaient placées des figures qui versaient de l'eau et formaient autant de fontaines; les ornements étaient de Damien dei Barberi et du sculpteur Ponce. La grotte était enrichie d'appuis et d'amortissements de pierre taillée à jour, avec de petites tourelles tournées et maçonnées à culs de lampe, le pavé était de porphyre bâtard moucheté, et nettoyé par des égouts faits à gargouilles et à mufles de lions. Le fronton était à grandes colonnes cannelées, avec chapiteaux de feuilles d'acanthe[2]. On voyait encore, en 1738, le bassin qui servait de réservoir à ces fontaines dans les bois devant le château neuf. On attribua aussi au cardinal le plan des jardins hauts nommés *les Cloîtres*, qu'il fit exécuter à son retour du concile de Trente[3].

La sollicitude de la famille de Guise s'étendait aussi sur l'église paroissiale; on doit au cardinal le rétablissement du chœur. Il est facile de distinguer encore dans ce temple, malgré bien des remaniements, quelques vestiges du style de la Renaissance et de retrouver, au fond de l'abside et sur les fenêtres de la chapelle

---

1. Félibien, *Entretien sur les peintres*, art. du Primatice, t. I, p. 523. Paris, 1685, in-4°. — Vasari, *Vite dei pittori ed architetti*, t. IV, p. 214. (Édition de Bologne.)

2. Voir *les Anticquitez et recherches des villes, chasteaux et places lés plus remarquables*, d'André Duchesne (Paris, 1630), *passim*. — Il y a encore aujourd'hui, au pavillon Henri IV, à Saint-Germain-en-Laye, les ruines d'une grotte de la même époque que celle de Meudon, et qui en donnent une faible idée.

3. Bibliothèque de l'Université, ms. 85.

de Sainte-Anne, la croix de Lorraine, et dans la chapelle suivante celle de Jérusalem[1].

Par lettres patentes de Henri II, signées à Fontainebleau, en avril 1555, Dampierre fut uni, avec Meudon, au duché de Chevreuse, lorsque Charles de Lorraine le fit ériger pour la seconde fois en Duché-Pairie.

Le Val de Meudon, que Jean de Meudon, chanoine de Noyon, avait donné, comme nous l'avons dit, en 1343, aux Chartreux de Paris, fut destiné par Raoul Spifame pour enfermer les fous. Les aliénés devaient être placés au bas de la montagne, dans la métairie des Chartreux[2]. Le Roi devait céder aux religieux un autre bien ou leur payer une rente. Les malades auraient été nourris des revenus de l'Hôtel-Dieu[3].

En 1559, le duc d'Albe vint passer quelques jours à Meudon ; en 1560, une sédition populaire faillit faire brûler le château, et, dans la nuit du mercredi 11 janvier 1565, le cardinal de Lorraine et le duc d'Aumale s'y réfugièrent.

Les troubles n'empêchèrent pas Charles de Lorraine d'agrandir son bien ; en effet, le 23 septembre 1570, par un acte passé devant Nicolas Camus et Guillaume Des Nots, notaires à Paris, les religieux de Saint-Germain-des-Prés, encore seigneurs en partie de Meudon, cédèrent à Son Éminence, représentée par Jacques Belleau, abbé de Cheminon, chanoine de la Sainte-Chapelle du Palais Royal de Paris, grand vicaire du cardinal, et Pierre Hubert, chanoine de l'église de Paris, ayant charge des affaires de Monseigneur, la haute, moyenne et basse justice, les cens, rentes,

---

1. Voir, à la Bibliothèque Mazarine et à la Bibliothèque nationale, une vue de l'église telle qu'elle était alors, et qui peut être attribuée au dessinateur de la Pointe.

2. Sise au bord de la rivière, suivant les plans du temps. Elle existe encore aujourd'hui, 180, chemin de Saint-Cloud.

3. Les projets de réformation de Raoul Spifame, rédigés sous forme d'arrêts, sont annoncés par le titre de son livre, publié en 1556 comme un recueil de prétendus *Actes rendus par le roy très chrétien Henri II*, et qu'on a pris parfois bien à tort pour un recueil sérieux ; malgré la singularité de cette composition, on y remarque des vues prophétiques, à peine réalisées de nos jours, telles que le dépôt, à la Bibliothèque du Roi, d'un exemplaire de chaque livre nouveau, l'établissement de commissaires de police pour chacun des trente-deux quartiers de Paris, la suppression des enseignes en saillie, la construction de ponts et de quais, l'isolement des établissements insalubres, etc.

dîmes et champarts qu'ils y possédaient encore, ne se réservant qu'un jardin, une maison et un pressoir, le tout moyennant 400 livres de rente sur les aides et gabelles. En conséquence de cet achat, le 7 avril 1571, Pierre Hubert se rendit au château de Marly, sans épée ni éperons, et embrassa les jambages de la porte, pour rendre foi et hommage au seigneur suzerain [1].

Le lundi 6 août 1576, se fit à Meudon le mariage de Charles de Lorraine, duc de Mayenne, avec Henriette de Savoie, marquise de Villars, comtesse de Tende et de Sommerive, fille unique d'Honorat de Savoie, marquis de Villars, amiral de France, et de Françoise de Foix; elle était alors veuve de Melchior du Prez de Montpezat, sénéchal du Poitou. Le Roi et la reine y assistèrent [2].

Le cardinal de Lorraine mourut à Avignon le 26 décembre 1574; par son testament, fait dès le 1er janvier 1571 et reçu par Me Copillon, notaire à Paris [3], il nomma son légataire universel son neveu Henri de Lorraine, duc de Guise, dit le Balafré, fils du duc François, tué à Orléans, et d'Anne d'Este, et qui avait épousé Catherine de Clèves, comtesse d'Eu.

Le Balafré, on le sait, n'était pas d'humeur paisible et sédentaire, et il dut n'habiter Meudon que fort peu. Le 15 juin 1580, par un bail à ferme passé à Saint-Maur-des-Fossés devant Darbonne et Crozet, notaires, le duc donna à Pierre Tireul, bourgeois de Paris, demeurant rue des Bernardins, les revenus de la seigneurie, non compris le parc et le château, mais avec la ferme qui se trouvait au-devant et celle de Villebon [4], moyennant

---

1. Archives nationales, O1 3825.

2. *Négociations de la France avec la Toscane*, par Giuseppe Cantarini, auxquelles nous avons emprunté plusieurs des faits allégués ci-dessus, ainsi qu'aux *Lettres de Catherine de Médicis*, publiées par le comte de la Ferrière. L'Estoile, en ses *Mémoires*, parle aussi de ce mariage qui n'est pas inscrit aux registres de l'état civil de Meudon. (Bibliothèque de l'Université, ms. 85.)

3. Archives nationales, O1 3825.

4. Villebon était, au XIIIe siècle, une grange sur laquelle Étienne de Meudon avait cinq setiers de grain, moitié méteil, moitié avoine, qu'il vendit, en 1326, à Simon, abbé de Saint-Germain-des-Prés, aussi bien que le droit de pressurage du pressoir des Voûes; il eut pour possesseurs Robert Saget et Guillemetté, sa femme, en 1376; — Robert le Maçon et Perrette Saget; — Étienne des Portes, en 1424; — Robert des Portes; — Guillaume Fuzée et Jehanne des Portes; — Charles, cardinal de Lorraine, en 1571; — Henri

1,450 écus, sur lesquels 66 écus 3/4 devaient être payés au capitaine du château et le reste à Claude Lyonne, trésorier général des finances du duc, pour être employés aux grosses réparations. Le 12 novembre 1587, par contrat passé devant Roze et Crozet, notaires à Paris, Catherine de Lorraine, veuve de Louis de Bourbon, duc de Montpensier, procuratrice du Balafré, vendait à Claude Lefebvre, conseiller du Roi, général en la Cour des monnaies, la ferme de Villebon, moyennant 2,000 écus soleil.

Après le drame de Blois, le 23 décembre 1588, Meudon passa au fils du mort, Charles de Lorraine, né le 21 août 1572, qui fut duc de Guise et de Joyeuse, prince de Joinville, comte d'Eu et grand maître de France, et prit d'abord parti pour la Ligue.

Le 30 juillet 1589, le roi de Navarre, après avoir dîné à Saint-Germain-en-Laye, vint souper à Meudon et le 31 établit son quartier général au château, pendant qu'Henri III se cantonnait à Saint-Cloud. Aussitôt après l'attentat de Jacques Clément, le médecin Orthoman envoya chercher celui qui allait devenir Henri IV ; accompagné de vingt-cinq gentilshommes, il accou-

---

de Lorraine, duc de Guise, qui le vendit le 12 novembre 1587 à Claude Lefèvre et à Catherine de Senelon, sa femme. — En 1630, Guy Robineau, seigneur de Saint-Forget, possédait ce domaine, qui advint en 1637 à Marie de Maugarny, sa veuve ; elle le vendit en 1645 à Jean Bellehache, notaire au Châtelet, et à Marguerite Châline, lesquels le cédèrent à Servien le 12 mars 1655. La ferme de Villebon était enfermée dans le parc ; il y avait là un grand jardin potager, auprès duquel étaient deux moulins à vent servant à élever les eaux. Le Dauphin avait en ce lieu une chapelle dans laquelle l'archevêque de Paris permit de célébrer la messe. Aujourd'hui, Villebon est divisé en deux parties, qui servent toutes les deux de restaurants bien connus des Parisiens, la Tour et l'Hermitage. La Tour était la ferme proprement dite ; l'Hermitage, la faisanderie. La Tour seule offre quelque intérêt, tant par son donjon, qui semble découronné, que par sa maison du xvie siècle, sa curieuse chapelle en contre-bas et l'entrée de vastes souterrains qui s'étendent fort loin et sur lesquels sont répandues des légendes, que nous ne saurions relater ici, sur des trésors que des somnambules prétendaient y découvrir. En 1792, M. de Champcenetz était usufruitier de Villebon, il le louait au sieur Francotey ; M. de Verneuil, capitaine des chasses, avait l'usufruit du jardin. — Vendu comme bien national 30,292 francs, Villebon eut pour possesseurs : M. Brun (25 messidor an IV); M. de Wailly (18 fructidor an IV); M. Delacoste (26 prairial an V); M. Leriboulet (12 thermidor an V); M. Matras (12 floréal an XIII); M. Clavéan (8 octobre 1825); M. Blondeau (25 juillet 1841). Depuis 1880 il appartient à la famille Vassort. (Archives nationales, O¹ 3825, et titres de propriété de M. Vassort.)

rut à toute bride auprès du blessé. Sully, dans ses Mémoires, dit
que personnellement il était logé « chez un nommé Sauvat[1]. »

Pendant ce temps-là, Charles de Lorraine était prisonnier au
château de Tours ; il s'évada en 1591 et se reconnut sujet d'Henri IV
en 1594. En 1605, Meudon vit le mariage de Louise-Marguerite
de Lorraine, sa sœur, fille du Balafré et d'Éléonore de Roye, sa
première femme, avec le prince de Conti[2], et en 1611 celui du
possesseur du château avec Henriette-Catherine, duchesse de
Joyeuse, comtesse du Bouchage, veuve d'Henri de Bourbon, duc
de Montpensier, et fille du fameux Henri de Joyeuse, comte du
Bouchage, pair et maréchal de France, qui se fit capucin sous
le nom de Père Ange, et de Catherine de Nogaret de la Vallette.
Le cardinal de Joyeuse officia lors de cette dernière cérémonie.

Dans la chapelle Sainte-Geneviève de l'église de Meudon se
trouve un tableau fort intéressant de ce temps ; il représente l'Ab-
juration de Henri IV. Au premier plan est d'Épernon, puis vient
Biron, en costume de maréchal de France ; sur l'autel, au pied
duquel est agenouillé le Roi, est figurée la Trahison de Judas.
Les chapiteaux de cette chapelle sont curieusement fouillés[3].

---

1. Sous le mur de la grande terrasse d'aujourd'hui, entre la rue Terre-
Neuve et la rue Royale. Sauvat figure sur la cloche baptisée en 1604 comme
capitaine de Meudon. Le 30 mai 1657, devant Colas et Delaballe, notaires,
Julien Gervais, conseiller du Roi, contrôleur des grandes et des petites
mesures du grenier à sel de Paris, vendit cette maison à Servien 16,000 liv.

2. Voir Tallemant des Réaux, *passim*, sur ces personnages.

3. Les tableaux qui sont dans la même église et qui représentent la vie
de saint Antoine proviennent du couvent des Capucins. Il y existe aussi
des armoiries sculptées, mais très empâtées, à la clef des quatre arceaux.
Ces armes, *échiquettées d'argent et de sinople, de quatre tirés, au chef
enmanché de sinople, sur argent, soutenu d'une divise de gueules,* suivant
Rietstap, Milleville et l'*Armorial général de 1696,* ou plutôt de *sinople à
une fasce de gueules accompagnée de sept demi fusées d'argent en chef et
trois quartiers et demi d'échiquier en pointe,* suivant d'Hozier, sont celles de
la famille Coynard. Claude Coynard, bourgeois de Paris, receveur général
de l'Hôtel-Dieu, et Élisabeth Godart, sa femme, avaient une maison à Meudon en 1544, et tinrent alors une partie du fief d'Aubervilliers. Par acte
du 5 août 1604, passé devant Delaborde et Cothereau, notaires, Jean Coynard, secrétaire du Roi, auditeur en la Cour des comptes, et Anne de Fou-
cheret, sa femme, vendirent à Jacques Leroyer, procureur en la Cour, une
maison dite de Carrouge, sise Grande-Rue à Meudon (Archives nationales,
O¹ 3825). Nicolas Coynard, conseiller au Parlement de Metz en 1648, et à
celui de Paris en 1653, demeurait rue Sainte-Croix de la Bretonnerie ; son
fils Étienne lui succéda dans cette dernière charge en 1674. (Archives de
la maison de Coynard.)

Henri IV et Louis XIII enfant vinrent souvent à Meudon. Le
9 septembre 1606, celui-ci y passa, venant de Saint-Germain et
allant à Fontainebleau pour y être baptisé. Il logea alors chez
M. Garrault, trésorier de l'extraordinaire des guerres. En 1610,
il y chassa le sanglier et le chevreuil[1].

Le baron de Luz, qui était fort avant dans la confidence de
Concini, ayant été tué le 5 janvier 1613 par le chevalier de
Guise, le meurtrier se réfugia à Meudon[2].

Un arrêt du Parlement de Paris, du 17 octobre 1615, confirma
une sentence du bailli de Meudon, condamnant les nommés
Pion et Maillard pour blasphèmes. Ils durent faire amende honorable, demander pardon à la justice et payer 12 livres à la fabrique
et 12 livres au seigneur du lieu[3].

Par contrat passé devant Mouffle, notaire à Paris, le 8 mars
1624, Pierre de Rosnel, marchand orfèvre et bourgeois de Paris,
et Marie Bourgeois, sa femme, fondèrent en l'église deux messes
basses de Requiem, à chanter, l'une le 9 octobre, l'autre le 20 juillet, fête de sainte Marguerite, à huit heures du matin, pour le
repos de l'âme de Philippe de Rosnel et de Marguerite Letellier,
père et mère du fondateur. Il devait être payé au prêtre 10 sous
pour chaque messe. En outre, Pierre de Rosnel donnait à la
fabrique une Vierge tenant un enfant, « en pierre de Tonnerre, »
enrichie de peintures, ayant, avec son piédestal, cinq pieds, pour
être posée au milieu du grand autel du chœur de l'église, et aux
côtés de laquelle les marguilliers devaient faire mettre les images
de saint Martin et de saint Blaise. En septembre 1639 et en octobre 1640, la confrérie du Rosaire fut établie, malgré les diffi-
cultés que suscitèrent les Jacobins de Paris et qui ne furent levées
que par les soins de M. Gueffier, résidant à Rome pour les affaires
du Roi[4].

Charles de Lorraine avait donné, le 12 avril 1606, à son frère
Claude, prince de Joinville, le duché de Chevreuse, avec Dam-
pierre, sur ce qui devait leur revenir de la succession de leur père;
Meudon fut donc distrait de Chevreuse et son bailliage ressortit

---

1. *Journal de Jean Héroard sur l'enfance de Louis XIII* (1601-1628),
publié par E. Soulié et E. de Barthélemy. Paris, 1868, 2 vol. in-18.
2. Lettres de Malherbe à Peiresc.
3. Bibliothèque Mazarine, ms. 166 A.
4. Archives du presbytère de Meudon.

dès lors au Parlement de Paris. Par acte du 29 décembre 1620, le duc, étant en son hôtel de la rue du Chaume, exempta de dîme une pièce de terre à Meudon, dite *le Petit-Buisson*, appartenant à Gabriel de Guénegaud et à Marie Lacroix, sa femme. Amiral des mers du Levant, il eut les plus fâcheux démêlés avec le cardinal de Richelieu et se retira à Florence, d'où il ratifia, pardevant notaires, l'acte du 23 septembre 1570, relatif à l'achat du reste du bien de l'abbaye de Saint-Germain-des-Prés. Il mourut à Cuna, dans le Siennois, le 30 septembre 1640, ayant laissé à Catherine de Clèves l'administration de la fortune de ses deux fils, François et Henri. L'aîné étant mort, le second, qui, né à Paris le 4 avril 1614, avait d'abord suivi l'état ecclésiastique et avait été nommé archevêque de Reims, redevint laïque. Il fut aussi possesseur de Meudon. Sans enfant d'Anne de Gonzague, sa première femme, il s'en sépara pour se remarier à Bruxelles, le 11 novembre 1641, avec Honorine, fille de Godefroy de Glismes-Bergh, veuve d'Albert Maximilien, comte de Bossu. Il voulut encore quitter sa seconde femme pour épouser Mlle de Pons, mais ne put arriver à ses fins [1].

Gaston d'Orléans, frère de Louis XIII, s'était allié en 1626 à Mlle de Montpensier, dont il eut « la Grande Mademoiselle. » Il fut marié à peine un an et, le 3 avril 1631, prit pour seconde femme Marguerite de Lorraine, cousine des châtelains de Meudon. Cette princesse était restée chez son frère, après avoir épousé « Monsieur, » parce que Louis XIII, jusqu'à son lit de mort, n'avait pas cru devoir reconnaître son union. Instruite du décès de ce monarque, elle vint à Meudon, où l'amena « Mademoi-« selle, » qui se rendit au-devant d'elle jusqu'à Gonesse. C'est là qu'elle séjourna en attendant que son équipage de deuil fût prêt et que l'archevêque de Paris, Jean-François de Gondi, donna aux époux une seconde bénédiction nuptiale, le 26 mars 1643.

---

1. Le minutier de Me Pierre, malheureusement fort peu riche en documents intéressants, nous donne à cette époque : 1er juin 1573, transport par Gabriel de Ronade, sieur d'Orgeval, valet de chambre du Roi, à Nicolas Puthomme. — 3 août 1580, échange entre Pierre le Riche, laboureur, et Louis Puthomme, officier ordinaire du Roi et canonnier de son artillerie. — 11 juillet 1621, contrat de mariage de Charles Manterne, sieur de la Grandmaison, et Catherine Duderay.

En 1648 et 1649, « Monsieur » et « Madame » séjournèrent encore à Meudon [1].

Le 2 juillet 1640, les habitants du lieu déclarèrent que leurs terres, ou communaux, qui s'étendaient de la Mare-Adam aux Cottignies, en passant par les Bruyères de Sèvres, étaient incultes et peu fertiles; ils obtinrent un dégrèvement de taille de 295 livres, qui leur fut accordé par la Chambre souveraine établie par le Roi pour le recouvrement des droits d'amortissement [2].

Un bref, valable pour sept ans, fut accordé par Innocent X le 19 novembre 1644, accordant indulgence plénière aux fidèles qui, contrits et pénitents, visiteraient l'église de Meudon le jour de la Saint-Martin et y prieraient pour la concorde des princes chrétiens et l'extirpation de l'hérésie [3].

Au siège de Paris, sous la Fronde, on fit à Meudon un grand quartier qui veillait sur le transport des blés de la Beauce (1649). Malgré les réclamations adressées par les habitants à l'hôtel de ville de Paris [4], ce furent, suivant les *Mazarinades*, des troupes polonaises et allemandes qui occupèrent le château et qui y firent un grand butin. Les registres O¹ 3825 des Archives nationales nous donnent un procès-verbal, dressé par Jean le Nain, conseiller au Parlement, le 25 avril de cette même année, par lequel Gabriel Solignac, concierge du château de Meudon, demandait à être déchargé des meubles antiques et des choses précieuses qui lui avaient été confiés et qui furent détruits pendant la guerre civile. On paya pour 75,581 livres d'indemnité. Les parties qui avaient le plus souffert étaient le Puits d'Enfer, le Cabinet du Bal, la Cour d'Aristote, les Tours de Ronsard et de Mayenne, celles-ci dans le parc. Les ornements de la grotte, non finie, étaient brisés; les portes, les fenêtres, les boiseries enlevées, ainsi que les plombs de la couverture; les planchers étaient ruinés à cause des chevaux que l'on avait mis jusque dans les chambres hautes du château [5] et des bestiaux que les paysans y avaient entassés.

---

1. Mémoires d'Omer Talon, de « Mademoiselle, » de Mathieu Molé, de Goulas, etc.; Tallemant des Réaux; Bibliothèque nationale, ms., fonds Dupuy, vol. 744.

2. Bibliothèque nationale, ms. français 25946.

3. Archives du presbytère de Meudon.

4. Registres de l'Hôtel de Ville et *Muze historique* de Loret.

5. Manuscrit de la Bibliothèque de l'Université, n° 85; *Mercure de France;*

Le duc de Guise étant parti pour la conquête du royaume de Naples, la duchesse mère eut l'administration de Meudon, en vertu d'une procuration datée de Rome, 1647. Elle l'habita avec le cardinal de Joyeuse, son oncle [1].

Mais les dettes s'accumulaient, la maison princière s'obérait, et, pour sauver la situation, on songeait à vendre la seigneurie lorsque Abel Servien se présenta pour l'acquérir.

Par un arrêt du Parlement, du 7 septembre 1654, intervenu entre Servien, le duc de Guise et les créanciers de celui-ci, il fut permis au prince lorrain d'échanger Meudon contre 9,333 liv. 6 s. 9. d. de rente, au principal de 168,000 livres, qui devaient être abandonnées aux créanciers, et qui furent constituées par M. et Mme de Beauvilliers de Saint-Aignan et par Nicolas Servien, sieur de Montigny.

Le 12, par-devant les notaires Richer et Bergeon, Henriette-Catherine de Joyeuse, duchesse de Guise, Louis de Lorraine, son petit-fils, et Marie de Lorraine, sa fille, consentirent à la cession de Meudon à condition que le duc ne pourrait ni vendre, ni aliéner les rentes à lui cédées, que pour le rachat de 4,000 livres de rente dues au chapitre de Notre-Dame de Reims, et 1,000 livres de rente dues au Collège des Bons-Enfants de cette dernière ville, constituées par le cardinal de Lorraine. Le 16, Antoine Dauchier, sieur de Puy-Marie, secrétaire du duc de Guise, fit remise à Servien de la baronnie de Meudon, du château seigneurial et des cours, jardins, parcs et bois [2].

Le duc de Guise mourut à Paris le 2 juin 1664; Louis XIII l'avait fait grand chambellan.

En 1639, le château se composait de quatre grands pavillons couverts d'ardoise, en brique et pierre; au milieu, étaient les logements seigneuriaux; à gauche, ceux des officiers; à droite, les cuisines. Dans le parc, on voyait des ruines de thermes et d'étuves; les arbres étaient fort beaux, et de partout on avait une vue magnifique sur Paris et les environs [3].

Nous ne saurions parler de l'église de Meudon sans faire allu-

---

Journal des guerres civiles de Dubuisson-Aubenay, publié par Gustave Saige pour la Société de l'histoire de Paris et de l'Ile-de-France (1885).

1. *Mémoires d'Henri de Lorraine, duc de Guise* (Paris, 1681).

2. Archives nationales, O¹ 3825.

3. Voir *Supplement aux anticquitez de Paris*, de Dubreul, par D. H. J., advocat en Parlement (1639).

sion à son pasteur, François Rabelais, nommé à la cure par le
cardinal du Bellay : il fut reçu le 19 janvier 1550 par l'évêque
de Trèves, Jean des Ursins, entre les mains duquel Richard
Berthe, le dernier titulaire, avait librement résigné ses fonctions[1].
Rabelais ne dut pas résider à Meudon, mais se contenter d'en
toucher les bénéfices, car on sait que, lors d'une visite faite en
juin 1551, l'archevêque de Paris ne trouva pas le curé, mais
seulement Pierre Richard, son vicaire, et quatre autres prêtres.

Les détails donnés par A. Leroy[2] et Colletet, disant que Rabelais desservit sa cure avec sincérité et prudhomie, qu'il y connut
Ronsard, qu'il enseignait le plain-chant aux enfants et qu'il ne
reçut jamais aucune femme au presbytère, offrent quelque vrai-
semblance, mais nous estimons qu'il y a erreur quand ces écrivains retracent le bon accueil que le curé recevait du duc et de
la duchesse de Guise, puisque l'auteur du Pantagruel était démis-
sionnaire le 9 janvier 1552, et que Meudon appartenait alors
encore à Madame d'Étampes.

Malgré tout, Meudon était, au temps de Rabelais, un but de
promenade pour les Parisiens, suivant ce dicton proverbial qu'on
répétait encore au xviiie siècle : « Allons à Meudon, nous y ver-
« rons le château, les grottes, la terrasse[3] et M. le curé. » Enfin,
longtemps après sa mort, on a vu sur la porte du presbytère[4] ces
deux vers bien connus :

> Cordiger et medicus, dein rector, et intus obivi :
>   Si nomen quæris, te mea scripta docent.

---

1. Voir les provisions tirées des archives de l'Archevêché de Paris et les
travaux sur Rabelais du bibliophile Jacob, Rathery et Burgaud des Marets,
Stapfer, etc.

2. Dans son *Floretum philosophicum, seu ludus Meudonianus in terminos
philosophiæ*. — Voy. Brunet, *Manuel du libraire*, III, 1002. — Voir aussi
à la Bibliothèque nationale, ms. lat. 8704, les *Rabelæsiana Elogia*, manuscrit du même auteur, au chapitre xv duquel se trouve le récit des
désordres que des soldats firent à Meudon, en 1648-1650, pendant les
guerres civiles, où Le Roy dit qu'il sauva du pillage le portrait de Rabelais. M. Longnon a, dans le tome III de notre *Bulletin*, page 131, donné
de curieuses notes sur ce dernier fait. Antoine Le Roy, neveu de Nicolas
Le Roy, domestique, comme Rabelais, du cardinal du Bellay, ambassadeur
à Rome, fut professeur de philosophie au collège d'Harcourt et se retira
à Meudon.

3. Qu'il ne faut pas confondre avec la grande terrasse actuelle, bâtie par
Servien ; c'est celle qui était devant la grotte.

4. Le presbytère actuel est fort curieux, mais il est de construction récente

V.

ABEL SERVIEN.

La noble demeure ne pouvait tomber en de meilleures mains que celles du comte Abel Servien. Né à Grenoble, le 1er novembre 1593, d'Antoine Servien, procureur général aux États du Dauphiné, et de Diane de Bailly[1], il fut successivement procureur général au Parlement de Grenoble, conseiller d'État, intendant de justice en Guyenne et président au Parlement de Bordeaux, enfin secrétaire d'État de la Guerre en 1630, il fut négociateur de la paix de Cherasco en 1631 et membre de l'Académie française en 1634. Pendant une courte disgrâce, il se retira à Sablé, où il épousa Augustine Le Roux, veuve de Charles Hurault, marquis de Vibraye. Mazarin le rappela aux affaires, l'envoya à Munster pour la conclusion des traités de Westphalie et le fit ministre d'État en 1649. Après la mort du duc de la Vieuville en 1654, Servien fut appelé, conjointement avec Foucquet, à la surintendance des finances. C'est cette même année qu'il acquit Meudon. Il résolut de l'agrandir et de s'y créer une résidence princière. Ses achats de terre, comme plus tard ceux de Louvois, sont innombrables, aussi ne citerons-nous que les principaux.

---

par rapport à celui de Rabelais. — Guilhermy nous donne l'inscription d'une cloche baptisée en 1604 par Catherine de Clèves et Charles de Lorraine. Ce n'est pas la seule qui ait été donnée par la maison de Guise, car sur une autre on lisait : « Du règne de Louis XIII, roy de France et de Navarre, « très haut et très puissant seigneur, Charles de Lorraine, duc de Guise, « prince de Joinville, pair de France, gouverneur pour le Roy en Provence, « amiral ès mers du Levant, seigneur, baron de Meudon, Henriette de « Joyeuse, son épouse, M. Antoine Grandet, prêtre, bachelier en théologie, « curé de Meudon, doyen de Châteaufort, chanoine de Saint-Germain-« l'Auxerrois à Paris, et suis nommée Gabrielle-Geneviève par Gabriel de « Guénégaud, seigneur dudit lieu et du Plessis-Belleville, conseiller du « Roi en ses conseils, et par demoiselle Geneviève Bonnefoy, épouse de « M. François de Lamet, avocat au Parlement, chef du conseil de Mgr le « duc de Guise, du temps de Mathieu Coulombier et de Nicolas Marie, « marguillers. » (Bibliothèque Mazarine, ms. 1666 A.)

1. Les Servien portaient : *d'azur à trois bandes d'or, au chef cousu d'azur, chargé d'un lion issant d'or.*

Tout d'abord, il se fit donner 226 arpents des communaux de Meudon, situés à la limite des territoires de Sèvres et d'Ursine, où ils s'étendaient depuis le clos des Capucins jusqu'à Ursine, près du Belvédère, d'où aujourd'hui on découvre le château de Versailles [1].

Le 23 septembre 1654, devant de Brière et Boucher, notaires à Paris, Jean d'Étampes de Valençay, marquis d'Étampes, conseiller ordinaire du Roi en ses conseils d'État et privé, et Marie de Gurel, sa femme, demeurant à Paris, en leur hôtel, rue de la Verrerie, vendirent à Servien leur maison de Meudon et « tous « les meubles et ustensiles à faire le vin et à baigner, et même « la porte cochère, qui n'est pas en place. » Le prix en fut de 11,750 livres.

Le 21 janvier 1655, Servien acquit la maison de M. Grandet, ancien curé de Meudon, prévôt de Saint-Nicolas-du-Louvre, sise rue des Sablons et tenant à la ruelle de la chapelle et au parterre du château, moyennant 3,000 livres ; et, le 12 mars suivant, il rachetait Villebon, moyennant 40,000 livres, de la veuve de Jean Bellehache. — En mai 1655, Louis-Laurent de la Martinière lui vendit une masure ; Madeleine Bazin, veuve de Jean Féré, élu de Paris, moyennant 8,000 livres, une maison dans la Grande-Rue, et une autre attenante, dite Maison de Beauvais ; Robert

---

1. Les communaux de Meudon, situés au nord-ouest de ce lieu, limités par les territoires de Sèvres et d'Ursine, furent renfermés dans les nouvelles clôtures du parc que Servien fit construire après y avoir été autorisé par des lettres patentes de 1655 et années suivantes. Ces communaux, d'après l'arpentage qui en fut dressé par Rosny (N³, Seine-et-Oise, II, clas. n° 411), contenaient 161 arpents 60 perches.

Servien s'était emparé des communaux sans aucune indemnité : lorsque Louvois devint propriétaire de Meudon, les habitants renouvelèrent leurs réclamations, et ils obtinrent en échange une longue bande de terre très irrégulière, qui s'étendait en bordure du chemin des Charbonniers, depuis le bas du pavé des Capucins jusqu'aux communaux de Sèvres ; ces nouveaux communaux contenaient 24 arpents. — En 1781, Mesdames de France agrandirent le parc de Bellevue : les communaux de Meudon furent encore une fois englobés dans la nouvelle enceinte, et on accorda aux habitants 600 livres d'indemnité à prendre sur le domaine de Meudon. En 1784, par un acte du Conseil d'État, l'indemnité fut réduite à 306 livres, et on donne aux habitants 9 arpents 93 perches au lieu dit « la Bourgogne des Capucins. » (Contrat du 28 mai 1682 ; Lettres patentes de novembre suivant ; Arrêt du Parlement du 10 février 1683, et du 17 août suivant, ordonnant l'enregistrement et l'exécution des lettres patentes et du contrat d'échange.)

Drouet, une maison, plus tard enfouie sous la terrasse, et divers immeubles appartenant à un nommé Ollivier, bourgeois de Paris, y demeurant, rue du Four, et à Jeanne de Peaudeloup, sa femme.

Le 3 août de cette même année, Servien ayant élu domicile en son hôtel, sis rue des Bons-Enfants, à Paris, et Charles de Brossamain, conseiller du Roi, trésorier général de l'extraordinaire des guerres, demeurant rue Notre-Dame-des-Victoires, présents ce jour-là à Meudon, signèrent un contrat d'échange par lequel Servien cédait à Brossamain sa maison du Plessis-Saint-Pierre, proche Montlhéry, contre la ferme de la Grange-Dame-Rose, au territoire de Meudon, près Villebon [1].

François de Guénegaud, président au Parlement de Paris, vendit au Surintendant, le 8 décembre 1655, par acte passé par-devant Gallois et Richer, notaires, une maison, sise Grande-Rue, moyennant 2,933 livres [2]. Il y avait là un peu d'eau, puisque M. de Guénegaud avait eu, en 1654, la permission de renfermer dans cet enclos une petite ruelle, où se trouvait une méchante fontaine [3]. Cette propriété avait été acquise, le 8 octobre 1637, de Marie Delabarre, veuve de Nicolas Le Camus, conseiller du Roi en ses conseils d'État et privé [4].

Servien acheta encore, devant Vauthier, notaire à Paris, le 19 juillet 1656, de la famille Machault, la terre de Fleury [5], et

---

1. Minutier de Mᵉ Aron, notaire à Paris. — Le 14 janvier 1407, Jean Fleury, dit le Catelier, et Thomase, sa femme, propriétaires de la moitié de la Grange-Dame-Rose, acquirent l'autre moitié. Jean Fleury étant mort, sa veuve se remaria avec Jean de Pacy et, le 25 janvier 1415, vendit sa ferme à Guillaume Combault. En 1457, cette terre appartenait à Jean Colas et à Blanche, sa femme, qui, le 28 septembre 1470, l'aliénèrent en faveur des Chartreux de Paris. Ceux-ci la vendirent à une époque inconnue à René Beaudeau, ancien consul de Paris, et à Claude Hérart, sa femme, de qui Brossamain l'acquit. Le fils de Servien la céda à Louvois; elle resta dans le douaire d'Anne de Souvré, n'ayant pas été cédée au Dauphin avec le reste de Meudon. Elle appartenait en 1789 au duc de la Rochefoucauld-Doudeauville. Acquise à la Révolution par MM. Panckoucke et Redouté, elle fut échangée plus tard par eux contre Fleury. En juillet 1891, le Domaine la mit en vente pour 180,000 francs.

2. Archives nationales, O¹ 3825.

3. Archives nationales, O¹ 3848.

4. Archives nationales, O¹ 3825.

5. Sur Fleury, voir Barbaroux, *Histoire de Clamart*. — Connu dès 1285, Fleury avait alors ses coutumes et ses droits particuliers. Une partie dépendait de l'abbaye de Saint-Martin-des-Champs; l'autre, restée en mains

donna en payement 4,666 livres de rente à lui dues par le comte
de Saint-Aignan et Antoinette Servien, son épouse[1]. Le 14 octobre suivant, il acquit une grande maison, proche les communs
du château, appartenant à Antoine Béraud, trésorier des ponts-
et-chaussées, et à Catherine Sauvat, moyennant une rente de
1,166 livres[2]. C'était la maison où avait demeuré Sully.

---

laïques, eut pour possesseurs : Jean de Saint-Benoît, drapier, en 1342 ; Jean
Gentian, général des monnaies, en 1363, puis les Catin, les Budé, etc. Le
10 août 1606, M. de Machault, qui avait épousé une Budé, acquit diverses
terres du duc de Guise, et, en 1644, fit rétablir la chapelle détruite durant
les troubles. A la Révolution, Panckouke, le grand imprimeur, et Redouté,
le peintre de fleurs, changèrent la Grange-Dame-Rose contre Fleury. —
François Chauvelin et Marie Charmolue avaient là une maison en 1611.
— La comtesse de Montesquiou y possédait en 1789 une propriété qui lui
avait été donnée par Louis XVI ; devenue bien national, elle fut acquise
par la princesse Charlotte de Rohan, l'amie du duc d'Enghien, qui la légua
à son notaire, M⁰ Fouché. — En 1687, Jérôme Lemaître, président aux
enquêtes du Parlement, et Marie-Françoise Josdeau y avaient aussi une
maison ; elle passa après eux à Jean-Antoine de la Baume, conseiller du
Roi, maître des comptes, et à Marie-Madeleine Gigault (6 août 1719) ; puis
à François Féray, écuyer, conseiller secrétaire du Roi, premier médecin
consultant de Sa Majesté (25 juin 1736) ; enfin à J. Barbou, libraire (2 novembre 1759). Elle appartient aujourd'hui à la famille Marbeau. — La
propriété de M. Rouillé de l'Étang, d'abord Pajot, passa successivement à
sa veuve, née Perinet, à la marquise de Pastoret, née Piscatori (11 octobre
1811), à la marquise du Plessis-Bellière, née de Pastoret, et enfin (1877)
à la duchesse de Galiera, née Brignole-Sale, qui y a fondé trois maisons
d'asile trop somptueusement édifiées, qui lui reviennent à soixante millions ; on voit de partout ces vastes constructions. — Une autre maison
appartenait, avant 1770, à M. Busselet, trésorier de France ; après sa
déconfiture, la partie haute en fut achetée par Mirabeau, qui la cédait en
1785 à Mᵐᵉ de Beaulieu, veuve de M. de Montesquiou, lieutenant général,
laquelle la revendit la même année à M. Boulée, architecte de l'Académie
Royale. En 1792, elle était à M. Dufresne de Saint-Léon, commissaire trésorier des dettes de l'État ; en 1805, à M. Sarrette, directeur du Conservatoire de Musique ; en 1814, à M. Tron, grand-père de M. Guiffrey. Elle
appartient aujourd'hui à Mᵐᵉ Riverin. Suivant un acte du 22 mai 1681
(minutier de M⁰ Gallois), Louvois céda à J.-B. Stouppe, colonel d'un régiment suisse entretenu pour le service du Roi, demeurant rue Barre-du-Bec,
la jouissance, durant sa vie, de la maison seigneuriale de Fleury, acquise
avec la seigneurie de Meudon, moyennant l'entretien de l'immeuble et le
retour à Louvois au cas de décès du sieur Stouppe. — On rencontre souvent des gravures représentant une *Vue de Meudon prise de la maison du
sieur Stouppe.*
   1. Archives nationales, O¹ 3825.
   2. Archives nationales, O¹ 3825.

Le 25 avril 1657, les religieux de Saint-Germain-des-Prés vendirent au Surintendant, pour 37,000 livres, la maison et quelques terres qu'ils s'étaient réservées lors de la vente au cardinal de Lorraine[1].

Le 30 mai suivant, Julien Gervais, conseiller du Roi, contrôleur de grandes et petites mesures du Grenier à sel, et ancien échevin de Paris, cédait à Servien une maison, dans la grande rue allant de l'église au château, consistant en grande cour, corps de logis sur cette cour, galerie ayant vue sur la rue, plus huit arpents de terre, pour 8,000 livres. — Le 4 juin, devant Vauthier et son confrère, notaires à Paris, Jean de Cuigny, conseiller-secrétaire du Roi, maison, couronne de France et de ses Finances, et Marie de Caen, sa femme, aliénèrent au profit du Surintendant la seigneurie de Clamart, moyennant 108,000 livres. — Le 7 juin, Christophe du Plessis, baron de Monbar, lui vendit une maison, sise Grande-Rue, venant de la succession de feu Élisabeth Aubery, veuve de Jean du Plessis, seigneur de Maisy, pour 8,000 livres[2].

En 1658, Servien acheta de l'église trois arpents sis aux Cottignies, moyennant 100 livres de rente sur les Prévôt et Échevins des Marchands de Paris[3]. Enfin, Aubervilliers fut acquis, le 1er avril 1659, de Jacques Jubert de Bouville, maître des requêtes, tuteur de son fils, qui en avait hérité de Catherine Potier de Novion, sa mère[4], moyennant constitution de 6,600 livres de

---

1. Cette maison fut plus tard aliénée par le Roi, avec faculté de rachat, en faveur de la comtesse de Verrue. (Bibliothèque de l'Université, ms. 85.)

2. Bibliothèque de l'Université, ms. 85, et Archives nationales, O1 3825.

3. Archives du presbytère de Meudon.

4. Archives nationales, O1 3825. — Aubervilliers était ainsi nommé parce qu'il avait appartenu à un nommé Aubert, propriétaire d'un autre Aubervilliers, sis entre Paris et Saint-Denis. En 1430, il était à Geneviève de Pacy, puis passa à Arnaud de Corbie, chancelier de France; on le voit ensuite successivement entre les mains de Jean Leclerc, de Jean de Livret et d'Arnaude de Corbie, de Nicolas Furet et de Marie de Livret, de Guillaume Furet et de Jeanne de Vicardel, en 1497; de Tristan-Hymegard Furet et de Philipote Chardon, sa première femme, en 1531, et de Louise de Maubisson, sa seconde; de Fery Furet et de Jeanne Tachet, en 1541; puis de Jeanne Furet et de François Belleau. En 1583, Jacques Belleau, abbé de Cheminon, fut seigneur d'Aubervilliers et le laissa à son légataire universel Michel de Lauzon, conseiller du Roi, l'un des quatre notaires secrétaires du Parlement (1589-91), marié à Élisabeth Damours. Anne de

rente. Les acquisitions furent au total de 460,000 livres de capital et de 30,000 livres de rente, tant pour le parc que pour la terrasse, qui formait l'avant-cour du château, et sous laquelle on enterra les maisons du haut de la Grande-Rue et de la rue Neuve, qui s'étendaient dans un vallon, entre deux montagnes que l'on nivela[1]. Cette terrasse, de 260 mètres de long, nous paraît, aujourd'hui encore, avons-nous dit, un travail prodigieux. Nous n'avons pu retrouver le compte des sommes qu'elle a dû coûter, mais elles durent être immenses. Un jour, le prince Louis de Bourbon étant allé s'y promener, le Surintendant, qui savait les murmures du peuple contre cette dépense, et voulant qu'on la crût moindre, dit que cela ne revenait qu'à dix mille écus : « Vraiment, » répliqua le Prince, « c'est encore plus que je ne « pensais, car je croyais que cela ne vous coûtait rien du tout[2]. »

Servien fit aussi refaire l'extérieur du château et l'escalier du milieu par l'architecte Leveau[3].

C'est à cette époque que le Surintendant fit ériger sa terre en baronnie et, par lettres patentes datées de Soissons le 3 juillet 1655, le Roi l'autorisa à étendre le parc et à l'enclore de murs, « quoi- « qu'il fût proche des plaisirs de Sa Majesté. »

Tout comme ses prédécesseurs, le nouveau châtelain rendit foi et hommage au seigneur de Marly.

Il n'y avait pas d'eau à Meudon, cela nous est raconté, ainsi que les vains efforts tentés pour en avoir, en vers latins et en prose française[4]. Des poètes, Colletet et Ménage, ont chanté les

---

Lauzon apporta Aubervilliers à André Potier de Novion, en 1613 ; elle mourut jeune et laissa sa terre à son mari, qui se remaria, en 1633, à Catherine Cavelier. Leur fille, Catherine Potier, l'apporta à Jacques Jubert, sieur de Bouville, qui la céda à Servien. Dans Aubervilliers était comprise la Fosse-Regnauld-Châlais, d'où vient le nom de l'étang de Châlais. Il y avait des ruines à Aubervilliers ; de ce creux jaillissent quelques fontaines qui forment le ruisseau d'Artelon. — Les Coynard étaient aussi seigneurs, en partie, d'Aubervilliers, en 1536. (Archives de la Morandière, papiers de M. de Coynard, et Archives nationales, O¹ 3825.)

1. Manuscrit de la Bibliothèque de l'Université, où on lit encore : « ... Les « murs de la terrasse ont, en quelques endroits, 7 toises 2 pieds de haut « et 5 pieds 6 pouces de talus... »

2. Mémoires de Bouhier, Menagiana, etc.

3. Bibliothèque de l'Université, ms. 85.

4. *Les Jardins*, par le P. Rapin, traduction nouvelle par MM. V. et G. Paris, 1782.

splendeurs de Meudon sous Servien[1]. Deux jeunes Hollandais, messieurs de Villiers, y vinrent en 1657, ils l'ont dit dans un curieux manuscrit découvert en 1849 à la Haye, par M. Prosper Faugère, qui l'a publié vingt ans plus tard chez Duprat. Au mois de septembre, donc, ils y furent avec une dame de Longchamp, dans un carrosse de louage, qui ne put jamais monter la côte ; ils virent la terrasse, admirèrent la vue, le château restauré, la statue de Panthée en bronze, donnée par la reine de Suède, la grotte, les bois, les orangeries, etc. Ils en ont laissé une fort curieuse description.

Il fallait à Servien des moyens rapides pour se rendre à Paris ; il avait eu d'abord un yacht, construit en Hollande, par les soins de M. Chanut, ambassadeur du Roi[2], puis un arrêt du conseil d'État, rendu le 14 octobre 1655, lui permit d'établir sur la Seine un bac pour passer un carrosse à six chevaux ; les particuliers pouvaient s'en servir en payant ; le Roi donnait 500 livres par an pour « qu'il ne soit pris aucune chose pour le passage de Sa « Majesté et de sa suite ; » le 26 février suivant, le bac fut agrandi de façon à pouvoir transporter deux carrosses à six chevaux, et établi du côté de Grenelle, au pont de Javel, qui se rencontre au droit du chemin d'Issy, et de l'autre côté au droit du port d'Auteuil[3].

En janvier 1656, Servien ayant fait observer au Roi que Meudon était un gros bourg rempli de maisons qui avaient été ruinées par les gens de guerre pendant les troubles, il y fut établi deux foires franches par an, les premiers lundis d'octobre et d'avril, et un marché franc chaque samedi[4].

L'état civil de Meudon nous révèle plusieurs actes où figure le nom du Surintendant : le 3 juin 1656 eut lieu le baptême de Marie, fille de Gabriel Aubry et de Michelle Rolle ; le parrain fut Servien et la marraine Marie, femme de M. de Graval, conseiller du Roi. — Le 25 novembre, Marie-Antoinette, fille de Philippe Brissart[5], écuyer, sieur de la Chesnaye, écuyer du Roi en

---

1. Aegidii Menagii poemata. Septima editio. Parisiis, Petrus le Petit, 1680, in-8°.

2. Archives des Affaires étrangères ; Pays-Bas, 1655.

3. Archives nationales, O1 3825, et Bibliothèque de l'Université, ms. 85.

4. Archives nationales, O1 3803 ; Registres du Parlement, 31 août 1656-57 ; Volume V des Ordonnances de Louis XIV, cote 3, fol. 414.

5. Une descendante de ce Brissart fut déesse de la Liberté à Meudon.

la Grande écurie, et de Marie Tempier, eut pour parrain Louis Lenormant, sieur de Beaumont, écuyer tranchant du Roi, capitaine des chasses de Saint-Germain-en-Laye, et pour marraine Marie-Antoinette Servien, fille du Seigneur de Meudon. — Le 1er octobre 1658, celle-ci épousait, dans la chapelle du château[1], Maximilien-Pierre-François de Béthune, marquis de Rosny, fils de Maximilien-François de Béthune, duc de Sully[2]. — Le 29 décembre 1659, François Davilliers, sieur de la Folie, se mariait dans la même chapelle, avec Anne d'Origny, en présence de la famille Servien.

Par une sentence des Requêtes du Palais du 22 décembre 1654, le curé du Bouillon fut obligé de recevoir et de loger un vicaire et toucha de ce chef 300 livres des habitants du lieu. Le 18 mai 1658, un bref d'Alexandre VI privilégia l'autel de Saint-Blaise en l'église de Meudon; et, le 8 avril suivant, Anne Brosseau, veuve de Louis Barbotteau, conseiller du Roi, contrôleur et trésorier de la maison du Roi, Jean Barbotteau, conseiller de cette trésorerie, et François Fougeroux, élu en l'élection de Paris, exécuteurs testamentaires de Louis Barbotteau, établirent, par l'entremise de Pierre de Lamet, avocat, une école à Meudon; la maîtresse devait toucher 2,000 livres par an et apprendre gratuitement aux pauvres filles de la paroisse à lire le catéchisme et à prier Dieu[3].

En 1658, Nicolas Legendre fondit, pour Meudon, quatre enfants de bronze, autour d'une bordure, où l'on devait mettre le portrait de Servien.

Nous avons trouvé, aux archives des Affaires étrangères, quelques lettres du Surintendant à Mazarin, datées de Meudon, mais elles n'ont pas trait à l'histoire du lieu. En revanche, nous voyons dans la correspondance de Colbert que le Cardinal envoyait son neveu Alphonse Mancini passer ses vacances avec le fils du Surintendant.

Boisrobert nous dit comme l'on mangeait bien à Meudon; Colletet, les plaisantes aventures qu'il y avait.

---

1. La permission de célébrer la messe dans la chapelle du château fut donnée le 20 octobre 1654 par l'archevêque de Paris.

2. Voir dans la *Muze historique* de Loret, 5 octobre 1658, le récit des fêtes qui eurent lieu à cette occasion.

3. Archives du presbytère de Meudon.

Servien n'aimait pas que la bonne chère, mais aussi la chasse, la musique; il était galant; Meudon lui avait coûté des trésors, et, au moment de sa mort, il avait près de deux millions de dettes, dont une partie avait été contractée pour soutenir une alliance illustre, celle du duc de Saint-Aignan avec Mlle Servien, sa nièce[1]. Son acte de décès est conçu en ces termes : « Le lundy 19 février « 1659, à quatre heures du matin, est décédé dans son château de « Meudon Abel Servien, marquis de Sablé, sénéchal d'Anjou, « surintendant des finances du Roi, seigneur de Meudon et autres « lieux, pour lequel il y a eu un service en mon église, et le corps « y a reposé, et les entrailles y sont inhumées dans le coin de « ladite église de céans, et son corps a été porté à Notre-Dame- « des-Ardières à Saumur. » Guy Patin dit à cette occasion que Servien n'avait rien laissé à ses serviteurs, et Ismaël Bouillau écrivait à M. de Thou qu'il n'avait payé aucun de ses fournisseurs de sa maison, que ceux-ci allèrent à Meudon, où ils firent grand vacarme, et que, sans M. de Lyonne, qui les apaisa, ils auraient pillé le château. Le passif de la succession était tellement chargé que le chancelier Seguier se déclara tuteur des trois enfants[2]. Dans son testament, reçu par Munier et de Rivière, notaires à Paris, le 12 février 1659, Servien avait légué à la Fabrique de Meudon 100 livres de rentes, rachetables par 1,800 livres, afin de faire célébrer un service au jour anniversaire de sa mort; cette rente ne fut jamais payée par les héritiers[3] ni par les exécuteurs testamentaires : MM. de Bouquemare, de Puisay et de Chastenay[4].

Le manuscrit de la Bibliothèque nationale (fonds franç. 16730) nous révèle combien la liquidation de Servien fut difficile et dans quel délabrement était tombé Meudon en 1659 :

On offre de la terre de la ferme et de toutes ses annexes et dépendances, y compris les droits seigneuriaux, 1,500 livres, aux réserves

---

1. François de Beauvilliers, comte, puis duc de Saint-Aignan, avait épousé la fille de Nicolas Servien. Cette alliance renversa la fortune du Surintendant, qui avait prêté à son neveu 700,000 livres pour acheter la charge du Premier Gentilhomme de la Chambre. En 1667, il devait le capital, plus 200,000 livres d'intérêts. (Bibliothèque nationale, Manuscrits, Cabinet des Titres, dossier bleu 16157.)

2. Mlle Servien avait, on le sait, épousé son petit-fils, Maximilien-Pierre-François de Béthune.

3. Archives du presbytère de Meudon.

4. Bibliothèque de l'Université, ms. 85.

et charges suivantes : au curé, pour son gros, un muid de blé, cinq septiers d'avoine et un muid et demi de vin ; aux religieux de Saint-Cyr, trois muids de vin clairet ; à l'Hôtel-Dieu de Paris, 3 liv. 15 s. de rente ; à l'église de Meudon, 20 livres de rente..... On réserve les maisons acquises de messieurs d'Étampes, Sauvat, Gervais, Grandet, de Rivière, qui peuvent être louées 1,000 livres. En cas de bail, il faudra renvoyer les gens de service qui sont à Meudon et à Villebon ; on y laissera une personne pour engranger les grains. Il y a encore dans le château les deux demoiselles Peigné, servant de concierge, le charbonnier ayant le soin du charroi, un portier, deux servantes, un valet, pour lesquels on fait ordinaire au château, outre le payement de leurs gages ; et encore sept charretiers, qui ont 25 livres par mois de gages et nourriture, un jardinier à 400 livres, un autre à la Grange-Dame-Rose, qui en a 200 : il faut les congédier..... Feu M. le Surintendant avoit fait marché avec le sieur Mouflet pour le transport hors du parc du moulin à vent dit *Belesbat ;* on l'a démoli, mais l'argent a manqué pour finir ce transport ; il faut cependant en donner, car le fils de M. de Bouville, à qui M. Servien a acheté la terre d'Aubervilliers, a fait défense de continuer la démolition..... Il faut régler les particuliers qui ont des terres dans le Parc ; il y en a pour 70,000 livres, y compris 39,000 livres dues à Messieurs de l'Hôtel-Dieu pour la ferme de Trivaux..... Le mur est ouvert par de nombreuses brèches, qu'il faut réparer, ainsi que le mur des Capucins, que M. le Surintendant avoit fait abattre pour le passage d'une route allant de chez eux au château..... On n'a pas d'argent pour dresser l'inventaire des meubles et papiers..... On n'a pas vendu la vaisselle d'argent à cause de la défense de M. le Chancelier, et on a laissé passer l'occasion, car il est arrivé des barres d'argent d'Espagne à Saint-Malo, et la vaisselle diminuera de prix si on la garde..... On est pressé par les ouvriers qui ont travaillé au château, par les marchands qui ont fourni, par les gens de service..... Il y a un meuble de taffetas bleu de la Chine estimé 6,500 livres et un meuble de taffetas blanc, avec la tapisserie de satin de Bruges, estimé 2,100 livres ; il y a une tapisserie dont on offre 7,500 livres ; on doubte que ce soit pour M. le Cardinal[1]..... Il y a des réparations à faire au château pour en empêcher le dépérissement, surtout celui de la couverture, pour laquelle, seule, il faut 3,500 livres. On avoit destiné pour cela 3,500 livres des arbres verts, mais, dans la nécessité des affaires, il a fallu les employer ailleurs..... Il faut remettre de l'eau dans les étangs, pour les repeupler de poisson, et réparer le pan de murailles de l'Horloge, qui menace ruine, étant tout ébranlé.

---

1. Mazarin.

Après le Surintendant, Meudon devint la propriété de Louis-François Servien, son fils, lequel, en 1662, fut parrain d'une cloche sur laquelle on lisait : « Je suis bénite par Nicolas de « Bouillon, prêtre, prieur de Saint-Léonard de Limoges, aumô- « nier ordinaire du Roi, curé de Saint-Martin de Meudon, et « nommée Marie-Antoinette par M. François-Louis Servien, sei- « gneur et marquis de Sablé et de Bois-Dauphin, baron de Meu- « don, Château-Neuf et autres lieux, conseiller du Roi en ses « Conseils, sénéchal d'Anjou, et dame Marie-Antoinette Servien, « duchesse de Sully, princesse d'Enrichement; Martin Daix et « André Morin étant marguilliers[1]. »

Le 8 juillet 1659, on avait mis Meudon en ferme pour 15,000 livres; à cette époque, il y avait encore dans le parc des maisons appartenant à l'Hôtel-Dieu de Paris, et, le 24 mai 1662, nous voyons la compagnie des administrateurs de cet établissement décider de faire opposition aux criées poursuivies aux requêtes du Palais sur les terres de Meudon, Villebon, Fleury, Clamart, Aubervilliers, saisies sur la succession de Servien, tant pour le legs de 30,000 livres qu'il lui avait fait que pour la rente de 7 liv. 10 s. que l'Hospice avait le droit de prendre sur la partie de Meudon qui appartenait aux religieux de Saint-Germain-des-Prés[2].

Allard, secrétaire de Servien, écrivait, le 4 juillet 1662, à Séguier : « M. le marquis de Richelieu avait dessein d'établir à « Meudon des gardes-chasse et prétendoit que les habitants leur « donnassent les vivres, le logis et l'ustensile. Comme le fermier « de Meudon a fait réparer les brèches du parc, le capitaine du « château suffit pour le garder[3]. »

Le 3 septembre 1663, les directeurs des biens de Servien don-nèrent à bail à Jacques Girard, seigneur de la Jeffosse, demeurant rue de la Calandre, paroisse Saint-Germain-le-Vieil, la terre de Meudon, moins le château et la terrasse, pour six ans, moyennant 17,000 livres[4].

Le cavalier Bernin vint en France en 1665, et on le mena à Meudon, où il trouva le Nonce. Il prétendit que de là Paris lui

---

1. Bibliothèque nationale, ms. français 16730, et Bibliothèque Mazarine, ms. 1666 A.
2. Bibliothèque nationale, ms. français 16730.
3. Bibliothèque nationale, ms. français 17400.
4. Minutier de M⁰ Pierre, notaire à Meudon.

faisait l'effet d'un peigne à carder; en voyant l'escalier du château,
il déclara qu'on n'en voudrait pas d'un pareil dans une hôtellerie
d'Italie, puis ajouta en riant que la couverture du dôme était plus
plaisante que le reste. En revenant, il fit arrêter le carrosse devant
la terrasse des Capucins[1].

De pressants besoins d'argent forcèrent François Servien à se
défaire de Meudon; on tenta des démarches auprès de Colbert
pour le faire acheter au duc de Vermandois, mais elles n'abou-
tirent pas. Louvois, de son côté, et contre l'usage des autres
ministres, n'avait pas de maison de campagne près de Paris, et,
Meudon ayant été mis en vente, le Roi lui ordonna de l'acquérir,
ce qu'il fit le 31 octobre 1679[2]. Quant à Servien, il mourut pauvre,
le 20 juin 1710, âgé de soixante-six ans, laissant de Jeanne de la
Chauvelière une fille naturelle, nommée Marthe-Antoinette,
mariée en 1703 à François Bellinzani, sieur de Sampuis. Saint-
Simon dit à cette occasion : « Ainsi mourut Sablé, fils de Servien,
« qui avait amassé tant de trésors et qui en avait tant dépensé à
« embellir Meudon, dont il enterra le village, et le rebâtit auprès,
« pour faire cette admirable terrasse, si prodigieuse en hauteur et
« en étendue. »

A cette époque, on tirait de la pierre de Meudon pour la colonnade du Louvre. Une gravure du temps nous montre, et Piganiol
de la Force nous décrit, l'érection de monolithes dont la dimension
est si prodigieuse qu'ils forment à eux seuls la cymaise du grand
fronton de la façade. Ils étaient d'un seul bloc, et, quoiqu'on les
ait sciés en deux, ils avaient chacun cinquante-quatre pieds
de long sur huit de large et dix-huit pouces d'épaisseur. Dans
les *Comptes des bâtiments du Roi*, publiés par notre confrère
M. Guiffrey, on remarque qu'en 1671 on avait payé au sieur
Francœur 150 livres pour avoir tiré de la pierre à Meudon et
qu'on avait distribué 1,400 livres aux ouvriers blessés.

Nous ne saurions terminer ce chapitre sans dire un mot de la
maison qu'Armande Béjart avait à Meudon et qui est aujourd'hui
la propriété de notre confrère M. Dulaurier. Les journaux, les

---

1. *Journal du voyage du cavalier Bernin en France*, par Chantelou,
publié par notre savant confrère M. Ludovic Lalanne.

2. *Essai pour servir à l'Histoire de Louvois*, attribué à Chamlay (Barbier).
Amsterdam, 1740.

revues en ont beaucoup parlé ; classée comme monument historique, elle a été l'objet d'une communication à la *Revue archéo-
logique* de janvier 1887, ainsi qu'à notre *Bulletin*. Notre regretté
confrère M. Auguste Vitu, né lui-même à Meudon, s'en était
beaucoup occupé.

Par deux actes passés, l'un devant Lesecq de Launay et Guichard, notaires à Paris, le 3o mai 1676, et l'autre devant Mos-
nier et Lesecq, Madame Molière acquit cette maison, sise rue
des Pierres, de Claude Laborie, secrétaire du Roi. La fille de
Molière et d'Armande, Esprit-Madeleine, plus tard femme du
sieur Montalant, et le second mari de sa mère, Armand-Fran-
çois Guérin, ainsi que le fils issu de cette union, Nicolas-Martial
Guérin, restèrent propriétaires de la maison jusqu'en 1703, où elle
fut vendue à Pierre Pipoulain de Launay, devenu alors secrétaire
de M. de Joyeux, premier valet de chambre du Dauphin. Elle eut
ensuite pour propriétaires M. Laurisse de Saliennes, M. Frédéric
Hupais, et enfin M. Dulaurier. Le 12 juin 1683, devant Me Feu-
cher, notaire à Meudon, Pierre-François Guérin, officier du Roi,
et Armande-Claire Élisabeth Béjart, sa femme, constituèrent
vingt livres de rente perpétuelle à prendre sur leur maison pour
l'obit de Guillaume et de Jeanne Parrains. Cet acte est complété
par l'extrait du testament de Jean Tillier, maçon, demeurant
ordinairement à Bussière-Estain, et ce jour-là au couvent de la
Roquette, près Paris, reçu par Me de Saint-Georges, notaire, le
6 février 1713, portant legs à l'église paroissiale de Saint-Martin
de Meudon de 9 liv. 10 s. de rente due au testateur par le sieur
Delaunay, maître d'école à Meudon, acquéreur de l'immeuble, à
la charge par les marguilliers de faire dire, pour le repos de son
âme, douze messes basses de Requiem par an. Le 31 mai 1723,
devant Malarine, notaire à Meudon, ce legs fut délivré par Léonard Pipon, dit La Marche, exécuteur testamentaire ; nous trouvons reconnaissance par Pierre Pipoulain de Launay, monté
au grade de maître de pension, de la constitution de cette rente,
à prendre sur la maison de la rue des Pierres, le 8 avril 1724.
En 1781, le sieur de Saliennes fut condamné, par sentence du
bailliage de Meudon, à la continuation de son payement.

Nous n'avons rencontré, sur le séjour de la famille Molière à
Meudon, qu'un acte, en date du 15 octobre 1683, par lequel
Isaac-Armand, fils de Gabriel Colo et de Marie Girardin, fut tenu

sur les fonts par Isaac-François Guérin et Marie-Madeleine Poclin
(*sic*), sa belle-fille; cette dernière signe « M. Poquelin [1]. »

Les registres paroissiaux nous fournissent encore les quelques
actes suivants passés au temps où Servien était seigneur de
Meudon :

21 mai 1656. Mariage de messire Auguste-Jacques Pymier, chevalier, sieur d'Angedalle, maréchal des camps et armées du Roi,
lieutenant pour S. M. au château Trompette, avec dame Catherine
Golchin, veuve.

5 novembre 1656. Baptême d'Armand, fils de Jean Bertrand, boucher, et de Louise Gourby; parrain, Armand Fresh, maître d'hôtel
de Madame de Guénégaud; marraine, Madeleine, fille de Claude
Gueuvron, maître d'hôtel de Madame de Guébriant.

7 août 1657. Baptême de Hélène-Thérèse, fille de Jean de la
Beaume, contrôleur général des ponts et chaussées en Auvergne,
et de Marie Lebel; parrain, Jacques Lebel, conseiller du Roi aux
eaux et forêts; marraine, Catherine Emer, femme de François de
Machault, seigneur de Fleury, conseiller du Roi en tous ses conseils.

21 février 1659. A été inhumé un jeune homme nommé Claude
Melon, qui a esté tué en travaillant pour esteindre le feu qui estoit
au chasteau, qui estoit un gros garçon, agé d'environ trente ans, qui
estoit au service de M. Jacquier, intendant de l'armée du Roy.

30 mars 1659, qui est Vendredy sainct, est décédée, entre une heure
et deux du soir, Jacqueline Morand, agée de 80 ans, veuve de
Me Jean du Bouillon, marchand, native d'Ambières, au pays du
Mayne, a esté inhumée le 31, qui est samedy, dans le chœur, tout
proche la balustre du grand autel, comme mère de Me Nicolas du
Bouillon, prêtre, son fils, à présent curé de cette paroisse, prieur de
Saint-Léonard-de-la-Barre, conseiller, aulmonier ordinaire du Roy,
lequel a escript le présent de sa main.

10 février 1660. Marie, fille de Gabriel Chatard, capitaine du château de Meudon, chef de fourrière de la maison du Roi, sieur de la
Garenne, a pour parrain Jacques Allard, trésorier de France, général des finances à Alençon, et pour marraine Marie Butault.

3 juillet 1673. Baptême de Oudart, fils de Grégoire de Lamet et de
Catherine du Gué; parrain, Oudart le Ferron, chevalier, seigneur
de Louvre en Parisis, conseiller du Roi en la Cour des aides, et
marraine Anne de Cassemajor.

---

1. Archives du presbytère de Meudon. — En marge est écrit : « Elle
« était auparavant veuve de Jean-Baptiste Poquelin, sieur de Molière, qui
« était comédien. »

VI.

LOUVOIS.

Le 31 octobre 1679, devant Thibert et Gallois, notaires à Paris, la seigneurie de Meudon, le parc et le château furent acquis, moyennant 400,000 livres, par Louvois. L'acte de vente fut signé par Louis-François Servien, marquis de Sablé, héritier par inventaire d'Abel Servien et d'Augustine Le Roux, du consentement d'Acagne Servien, abbé de Saint-Jouin, de Jacques Amelot de Chaillou et de Nicolas des Marets, marquis de Maillebois, représentant les créanciers de feu le Surintendant[1].

Les Letellier avaient déjà possédé du bien à Meudon, car, suivant Saint-Simon, de son temps on voyait encore sur la route de Versailles à Paris, joignant le chemin, et fort au-dessous des murailles du parc, une petite maison avec une courte avenue, enfermée au plus bas du vallon le plus étroit, sans aucun fief ni seigneurie : c'était la maison du père et, peut-être, du grand-père du chancelier Letellier, qui s'en défit et acquit Châville.

L'acquisition de Meudon fut fort peu du goût du chancelier, qui fut de longues années sans vouloir y aller, disant que Louvois eût dû rétrocéder son acquisition à quelque communauté; il craignait aussi les grandes dépenses qu'il faudrait faire pour remettre tout en état, et ajoutait que la possession n'en était pas convenable, à cause du voisinage de Versailles : le tout-puissant

---

1. François-Michel Letellier, sieur de Châville, marquis de Louvois, fils du chancelier Michel Letellier et d'Élisabeth Turpin, né le 18 janvier 1641, secrétaire d'État de la guerre en survivance le 13 décembre 1655, ministre d'État le 4 février 1672, fut nommé le 6 septembre 1683, à la mort de Colbert, surintendant des bâtiments, arts et manufactures de France. Il avait épousé, le 16 mars 1662, Anne de Souvré, fille de Charles de Souvré, marquis de Courtenvaux, premier gentilhomme de la chambre du Roi, et de Madeleine Barentin. Madame de Louvois, qui était née posthume le 30 novembre 1646, mourut le 2 décembre 1715, ayant eu quatre fils, les marquis de Courtenvaux, de Souvré et de Barbezieux et l'archevêque de Reims, plus deux filles, les duchesses de Villeroy et de la Rochefoucauld. C'est par suite de ce dernier mariage que le duc de Doudeauville possède les papiers de Louvois qui ne sont pas dans les dépôts publics. Ce nouveau seigneur de Meudon est un personnage trop connu pour que nous ayons à en retracer la vie.

ministre ne tint pas compte des observations paternelles, et, le 28 décembre 1679, il fit hommage au Roi, seigneur de Marly, pour sa terre de Meudon [1].

Louvois augmenta beaucoup ses possessions. Il acheta des terres qui avaient été enfermées dans le domaine par Servien, et non payées, et différentes maisons en dehors, nécessaires à l'augmentation des jardins, à la construction des basses-cours et à l'établissement de l'avenue et du potager.

Il acquit de la sorte pour plus de 300,000 livres de terres et 250,000 livres de maisons. Au nombre de ces acquisitions il faut compter le fief de l'Hôtel-Dieu à Trivaux, acheté 31,800 livres, le 16 février 1680; les Cottignies, payées aux religieuses de Port-Royal-des-Champs, le 13 juillet suivant, 9,000 livres; la maison des Courtieux et les terres appartenant à M. de Lamet coûtèrent 29,100 livres, le 18 juillet; la maison de Claude de Guénegaud, dite depuis l'hôtel Courtin, fut achetée 25,000 livres le 24 janvier 1682. Les biens de la chapelle Saint-Barthélemy, dans l'église Saint-Marcel à Paris, furent acquis par échange le 29 mai 1682 [2]. C'est ce que le premier maréchal de la Feuillade appelait *la province de Meudon*. Et ces dépenses, quelque considérables qu'elles aient été, ne sauraient se comparer à celles des bâtiments et des jardins !

Louvois fit réparer le château [3], créa une colonnade qui régnait autour de la cour, construisit un escalier magnifique au milieu de l'aile droite, ainsi que les bâtiments des cuisines, la première cour des écuries, le mur en terrasse qui soutient les jardins hauts, orné de gaines d'un fort beau dessin, qui existe encore; il sépara les deux cours par un fossé revêtu, qu'on ferma par une grille de fer; les terres des fossés servirent à établir la terrasse des Marronniers. C'est encore Louvois qui établit un pont de communication entre le château et les jardins hauts, suivant le conseil que lui en donna Louis XIV, qui vint visiter Meudon et

---

1. Arch. nat., O¹ 3825.

2. Archives municipales de Meudon; Archives nationales, O¹ 3825; Minutiers de Mᵉ Pierre et du successeur de Mᵉ Gallois.

3. La maçonnerie fut faite par Jean Huiliot, entrepreneur, demeurant rue Bordé, paroisse Saint-Étienne-du-Mont; les toits furent réparés par Nicolas Duval, couvreur, rue des Juifs, les boiseries par Étienne Carrel, menuisier, rue Payenne, et les berceaux par Pierre Roger, serrurier des Invalides. (Minutier de Mᵉ Gallois.)

donna ses idées au propriétaire pour les embellissements à faire. Il fit réparer la grotte et les pavillons qui l'accompagnaient et qui n'avaient pas été achevés. L'orangerie haute et basse, l'avenue qui montait à la porte de Trivaux dans le parc et celle qui descend vers ce qui est aujourd'hui Bellevue sont l'œuvre de Louvois. Il créa aussi les jardins bas qui sont du côté de Fleury, répara les jardins hauts et les cloîtres établis par le cardinal de Lorraine, qui figuraient un carré long avec un jet d'eau, dont le bassin avait trente toises de diamètre. Ce carré était formé par une allée et deux contre-allées, plantées de chênes avec charmilles d'appui, couvrant douze arpents. Louvois augmenta et étendit les jardins jusqu'aux Capucins : il planta enfin de superbes potagers. Lui aussi essaya d'amener des eaux et d'établir des fontaines jaillissantes[1].

Par acte du 25 novembre 1679, Louvois donna à bail à Anne Grujet, veuve de Jean Chouart, conseiller au Grand Conseil, demeurant à Paris rue Gît-le-Cœur, une maison en haut de la grand'rue de Meudon et ayant jadis appartenu au sieur Gervais : le loyer était de 250 livres. Le 30 janvier 1697, voulant traiter favorablement les Pères de la Mission établis aux Invalides, il leur permit de se servir de cette maison « pour y aller prendre « l'air, tant et si longtemps que le seigneur marquis de Louvois « et les siens jugeront bon de les laisser[2]. »

---

1. Ms. 85 de la Bibliothèque de l'Université, où il est dit encore, à propos des eaux de Meudon : « La hauteur de la montagne a été nivelée « deux fois : la première, en 1674, par M. Picart, de l'Académie des « sciences, et l'on trouva : 1° que le coin du mur des Capucins le plus « près de Sèvres était élevé au-dessus de la rivière de 61 toises, 3 pieds ; « 2° que de ce coin à la tour méridionale de l'église Notre-Dame de Paris « il y avait 5,040 toises de distance ; 3° que ce coin était plus élevé que la « tour de 124 pieds 1/2 ; 4° que la Seine était plus basse à Sèvres qu'à « Paris de 8 pieds. Le second nivellement fut fait le 5 janvier 1709 par « M. de la Hire, de la même Académie, suivant lequel on trouva : 1° que le « rez-de-chaussée de la tour du château était élevé au-dessus de la Seine, « aux Moulineaux, de 66 toises, 3 pieds, 9 pouces ; 2° que du même rez- « de-chaussée à l'appui du réservoir des moulins, qui sont dans le haut « du parc, il y avait 18 toises, 4 pieds, 14 pouces de haut, et que du « même rez-de-chaussée à la grille du bas de l'avenue on descend 159 pieds, « 3 pouces ou toises, 3 pieds, 3 pouces. » (Extrait des registres de l'Académie des sciences, 1709, p. 176.)

2. Minutier de Mᵉ Gallois.

Le 7 décembre 1679, Louvois permit à Robert Richard, cabaretier, de construire une baraque près la Croix des Capucins, tenant au chemin de Paris à Versailles, pour en jouir pendant trois ans, moyennant 60 livres de loyer, à charge de n'y vendre du vin que du lever au coucher du soleil et de ne donner à boire aux ouvriers qui travaillaient aux ouvrages du Roi, que de neuf à dix heures et de deux à trois, et de ne rien servir à personne durant les offices divins [1].

Le 5 août 1680, Robert-Hubert de Sain, sieur du Mesnil, concierge du château de Meudon, épousa Marie Puthomme, fille de feu Robert Puthomme, receveur de la terre de Meudon, et de Madelaine Le Riche; M. et Mme de Louvois signèrent au contrat, ainsi que M. de Girardot, capitaine du château, et Anne du Noyer sa femme. La fiancée reçut 8,000 livres, plus cent muids de vin du cru de Meudon, qui étaient dans les caves du château, estimés 20 livres le muid, soit 2,000 livres [2].

Meudon devint bientôt un séjour de prédilection pour le Ministre; il s'y rendait toutes les fois qu'il pouvait s'éloigner de Versailles; un certain nombre de commis choisis l'y suivaient, il les logeait et les nourrissait. D'autre part, rien ne lui coûtait pour embellir sa demeure. Le Dépôt de la guerre contient de bien curieuses correspondances à ce sujet; il demande des arbres verts et des tilleuls ou des ormes; il prie Colbert de lui laisser prendre de la pierre à Arcueil; il donne rendez-vous à Mansart et à Lenôtre; fait accrocher des tableaux, etc. Il prescrit de mettre les armes [3] de sa femme au-dessous du grand contre-cœur, sur les cheminées; il voit un nommé Lory, horloger, et lui commande l'horloge du château, moyennant 400 livres; il prend des cloches chez le fondeur qui avait fourni celles des Invalides; il parle du pavé des Capucins, des réparations à faire à l'église; enfin, il se fait envoyer des œufs de perdrix et de faisans pour repeupler ses chasses.

Le 5 décembre 1680, le Roi, représenté par les commissaires

---

1. Archives nationales, O[1] 3825.
2. Minutier de Me Gallois.
3. Louvois portait « d'azur à trois lézards d'argent posés en pal, rangés « en fasce, au chef de gueules, chargé de trois étoiles d'or. » Les Souvré avaient pour armes « d'azur à cinq cotices d'or. » En 1726, les armes des Letellier se voyaient encore au bas du pavillon du milieu, que l'on nommait « Calotte de Meudon. » Le contre-cœur était la plaque de cheminée.

4

généraux du Conseil, vendait à Louvois les droits seigneuriaux qui appartenaient à Sa Majesté dans l'étendue de Meudon et Clamart moyennant 4,600 livres [1].

Charles de la Fosse peignit, à cette époque, à l'huile, pour Louvois, un immense plafond que le grand Dauphin fit détruire lorsqu'il acquit Meudon. Nicolas Bertin travailla aussi au Château.

Nous trouvons, à la date du 10 juillet 1681, le baptême de Françoise, fille de J.-B. Choderlos de Laclos, valet de chambre ordinaire du Roi, et de Marie Lebeau; le parrain fut Louvois et la marraine Mme de Montespan [2]. Le 11, Marie-Anne, fille d'Hubert de Sain, concierge du château, et de Marie Puthomme, fut tenue sur les fonts par Gabriel de Cassagnet, marquis du Tilladet, cousin du Ministre, et par Mme de Louvois [3].

En mai 1682, Louvois commença la restauration de l'église « pour lors ruinée » et fit rapprocher de quatre cents pas la fontaine ou abreuvoir du village; puis il acquit de François Breton, Louis du Val, marguilliers de Saint-Martin de Meudon, et Blaise Marin, procureur sindic des habitants, les communs que Servien avait enfermés dans son parc, et donna en échange 21 arpents 18 perches en six pièces, hors des murs [4].

Le 25 août, le ménage de Sain s'augmentait d'une autre fille, qui fut nommée Marguerite par Jean-François de Girardot, écuyer, vicomte de Lignon, et par Marguerite de Feilloux, gouvernante des enfants du Ministre [5].

L'Académie des Inscriptions et Belles-Lettres, avant de se réunir au Louvre, tint quelques-unes de ses séances à Meudon vers 1683 [6], année où Louvois acheta, pour 150 écus, à Strasbourg et envoya à Meudon une idole de cuivre, appelée *Krusmana* [7].

Le ministre, en 1684, fit rétablir la nef de l'église, qui était plus haute que le chœur, et lui donna une cloche sur laquelle on lisait :

---

1. Archives nationales, O[1] 3825 et O[1] 1719.

2. J.-B. Choderlos de Laclos, sieur de la Norville, conseiller secrétaire du Roi, maison, couronne de France et de ses finances, demeurant rue des Petits-Champs, est l'ancêtre de l'auteur des *Liaisons dangereuses.*

3. État civil de Meudon.

4. Archives nationales, O[1] 3825.

5. Registres paroissiaux.

6. *Mercure de France* pour 1683.

7. Archives du ministère de la Guerre.

« Messire François-Michel Le Tellier, chevalier, marquis de
« Louvois et de Courtanvaux, baron de Meudon, seigneur de
« Clamart, Fleury et autres lieux, conseiller du Roi en tous ses
« conseils, secrétaire d'État et des commandements de Sa Majesté,
« commandeur et chevalier de ses ordres, surintendant et ordon-
« nateur général des bâtiments de Sa Majesté, arts et manufac-
« tures de France, et dame Anne de Souvré, son épouse. Bénite
« par Louis de Rond, prêtre, bachelier en théologie, curé de Meu-
« don, et nommée Anne par Mᵉ Pierre Richer, écuyer, conseiller
« secrétaire du Roi et de ses finances, greffier en chef de la Chambre
« des comptes de Paris, seigneur de Saint-Magloire et de Guy-
« perreux, et par dame Anne de la Baume, épouse de Mᵉ Henri
« Langlois, conseiller du Roi, son procureur au bureau des
« finances de la généralité de Paris; François Capron et Blaise
« Daix, marguilliers, Pierre Capron, procureur de l'église[1]. »

Le 28 avril eut lieu le baptême de Françoise, fille de François
Girardot et de Marguerite des Noyers. Le parrain fut J.-B. de
Cassagnet, marquis du Tilladet, lieutenant général des armées du
Roi, capitaine des Cent Suisses de Sa Majesté, et la marraine
Mᵐᵉ de Louvois[2].

Le grand Dauphin, fils aîné de Louis XIV, aimait beaucoup
le Ministre et lui rendait souvent visite. Il témoignait au Roi la
satisfaction qu'il éprouvait de la manière agréable dont il était
reçu, de sorte que la Reine eut envie de voir un château dont
Monseigneur lui faisait continuellement la peinture la plus
attrayante, et elle s'y transporta dans les premiers jours de juillet 1685. Louvois lui donna, à l'occasion de cette visite, une fête
magnifique, qui a été longuement racontée par Dangeau et Span-
heim, et relatée par le Mercure et le marquis de Sourches.

La Bruyère venait souvent chez Louvois, et, quand il écrit :
« Celui qui dit : Je dînai hier à Tibur, j'y soupe aujourd'hui, »
par Tibur, il entend Meudon. Victor Hugo nous le fait bien
comprendre quand, dans les *Voix intérieures*, s'adressant à Vir-
gile, il s'écrie :

> Et quand je dis Meudon, suppose Tivoli.

En 1685, on entreprit, sur le territoire de Meudon, près de la

---

1. Bibliothèque Mazarine, ms. 1666 A.
2. Registres paroissiaux de Meudon.

Seine, une manufacture de chaux, avec du charbon de terre, pour les bâtiments du Roi et les maisons royales, à raison de 24 sols le muid.

Le 20 juillet 1685, Louvois et Honoré Courtin[1], ce dernier demeurant rue Neuve-Saint-Louis, à Paris, convinrent que le Ministre laisserait à Courtin la jouissance d'une maison sise à Meudon[2], consistant en plusieurs corps de logis, chapelle, cour, basse-cour et jardin, séparée par un mur du parc, moyennant une somme de 6,000 livres que Courtin versa à Louvois le même jour. Il y avait là, donnant dans le parc du château, une porte dont Courtin avait la clef.

C'est en 1686 que les ambassadeurs de Thaon-Naria, roi de Siam, visitèrent Meudon, que leur firent voir l'abbé de Louvois et les chevaliers de Nogent et de Chaumont; ils remarquèrent que la pointe du clocher de la paroisse était au-dessous du niveau de la terrasse et en conclurent logiquement que cette dernière était fort haute.

Le 18 avril de cette même année, eut lieu le baptême de Louis-François de Girardot, dont le parrain fut Louis-François Letellier, marquis de Barbezieux, et la marraine Marie-Henriette d'Alogny et de Rochefort, femme de Louis de Brichantau, marquis de Nangis. — Le 28, fut baptisée, sous conditions, Anne-Françoise, fille turque, prise dans Bude, quand la place fut emportée par l'Empereur, mise par le marquis de Souvré sous la

---

1. Honoré Courtin, sieur de Chantereine et des Mesnuls, conseiller au Parlement de Rouen en 1640, accompagna son parent d'Avaux à Munster; maître des Requêtes en 1649, il suivit Mazarin aux conférences de 1659 et eut l'honneur de signer au contrat de mariage du Roi. Ambassadeur à Londres en 1665, en Hollande et en Suède en 1671, il mourut doyen du Conseil d'État le 27 décembre 1703, à soixante-dix-sept ans. Il était l'intime ami de Louvois, d'aucuns disent son compagnon de plaisirs et de débauches. — Sa fille, Charlotte-Angélique, avait épousé, le 6 octobre 1678, Jacques Roque, sieur de Varangeville, ambassadeur à Venise. Veuve en 1692, elle mourut en 1732. Elle habitait avec son père la petite maison de Meudon, qui leur était utile à cause du voisinage de Chaville et des Letellier, et dont la proximité les mit plus tard en relations familières avec le grand Dauphin.

2. C'était la maison que Louvois avait acquise de Claude de Guénégaud, par acte passé devant M⁰ Gallois le 24 janvier 1582. Aujourd'hui la propriété de M⁰ Lefort, elle porte le n⁰ 5 de la rue de Trivaux, au coin de la rue des Vertugadins.

protection de M. et Mme de Louvois, qui la tinrent sur les fonts[1].

Le 11 mai 1687, Hubert de Sain, concierge de Meudon, épousa Marie Guilleminot, fille d'Eustache Guilleminot, ancien commis de la Chambre des comptes, et d'Anne Besnard, demeurant rue du Cygne. Nous voyons signer au contrat Mme de Louvois, Mme de Ris, épouse de M. de Bernière, et Françoise de Châlus, veuve de M. Galland, intendant de Provence[2].

Le 31 octobre 1687, Élisabeth Bruslard, comtesse du Lignon, prenait à bail, de Guillaume Blanchard, une maison rue des Ménétriers, moyennant 2,000 livres[3].

Nous trouvons, le dernier mai 1688, Louis de Niville, portemanteau du Roi, fils de Louis de Niville et de Marie de Bessé, épousant Charlotte de Girardot, fille de J.-F. de Girardot, capitaine du château de Meudon, et de feue Charlotte de Bérulle. Louvois lui donna 6,000 livres, et la famille du Ministre signa au contrat.

Le minutier de M. Pierre, à Meudon, renferme encore quelques actes de l'année 1689 : ventes de bois, à 150 livres l'arpent, à divers marchands. — Vente de la fleur d'oranger, à 38 sols la livre, à Jean Baudinot, marchand forain. — Bail à Pierre Marie d'une maison, dite la ferme des Moines, sise rue des Ménétriers, et de diverses terres, 600 livres. — A François Picard, le moulin d'Artelon, 300 livres. — Etc.

Les châtelains de Meudon n'oubliaient pas les pauvres : par un contrat de fondation passé devant Caillet, notaire à Paris, le 13 juin 1691, ils donnèrent 17,010 liv. 15 sols, pour être employées à l'acquisition de 945 livres de rente au denier 18 sur les aides et gabelles, à l'établissement de charité de Meudon, dont Mme de Louvois était la supérieure née. Sur la somme de 945 liv. de rente reçue annuellement par les marguilliers, il devait en être versé 800 à la trésorière. Cette fondation contenait en substance que la confrérie de charité serait composée au moins de six personnes, sans y comprendre la supérieure, « par laquelle « choix sera fait desd. dames et la trésorière nommée dans une « assemblée par le suffrage des voyx qui y seroient recueillies, et « où M. le curé assistera si bon luy semble, et sera ladite assem-

---

1. État civil de Meudon.
2. Minutier de Me Gallois.
3. Minutier de Me Pierre.

« blée tenue où il plaira à la supérieure, qui sera très humblement
« priée de s'y rendre. — Que la trésorière sera tenue de rendre ses
« comptes tous les ans à la supérieure en personne, et après elle
« aux dames dud. Meudon, et, lors de l'arresté, sera esleue une
« autre trésorière à la place de celle qui sortira, qui ne pourra
« estre esleue de rechef qu'après qu'il y aura deux ans qu'elle sera
« sortye de l'employ. — Qu'il sera achepté trois matelas, trois
« couvertures, trois oreillers, trois paires de draps pour servir à
« l'usage des malades. — Que les dames de la charité visiteront
« de temps en temps tous les malades, affin de pourvoir à ce qui
« leur manque. — Qu'il ne sera admis aux charités aucun pauvre
« qui ne soit natif de la paroisse ou y habitant depuis six ans, en
« apportant du curé des certificats de bonne vie et mœurs. — Que,
« sur les arrérages desd. 945 livres de rente, le marguillier payera
« immédiatement aux sieurs vicaires et chapelains chacun 30 liv.,
« moyennant quoi ils seront tenus alternativement de faire les
« catéchismes et instructions tous les dimanches et festes de l'an-
« née, dans l'esglize, depuis une heure après midy jusqu'à deux.
« — Qu'il sera payé à la fin de chaque année, au sieur chapelain
« de la paroisse, 54 liv. 15 sols pour l'augmentation des trois sols
« par jour sur les rétributions de ses messes, que la paroisse lui
« paye sur le pied de 12 sols. — Qu'il sera payé audit chapelain
« 20 livres par an pour montrer à chanter, deux fois la semaine,
« aux enfants du lieu, aux jours indiqués par le sieur curé, et sera
« tenu ledit sieur chapelain, en considération des 104 liv. 15 sols
« à quoy reviennent les sommes particulières à luy accordées
« cy-dessus, de secourir les malades dans le spirituel suivant les
« désirs de M. le curé, plus, au maistre d'escholle quy sera estably
« par le seigneur de Meudon, 260 livres de six en six mois,
« moyennant quoy il sera tenu d'enseigner gratuitement deux
« fois tous les jours ouvrables, à perpétuité, le matin, depuis huit
« heures jusqu'à onze heures et, l'après-midy, depuis deux heures
« jusqu'à cinq heures, à prier Dieu, à lire et à escrire, à tous les
« petits garçons, depuis l'âge de six ans jusqu'à seize. — Plus,
« à la maistresse d'escholle qui sera establye pareillement par le
« seigneur, 120 livres par an en deux termes, moyennant quoy
« elle sera tenue d'enseigner gratuitement et à prier Dieu, à lire
« et à escrire à toutes les petites filles, de l'âge de six ans jusqu'à
« quinze, sans déroger au contrat de fondation du sieur Barbot-
« teau. — M. le curé aura l'inspection sur les écoles et les mœurs

« des escholliers, maîtres et maîtresses, et tiendra la main à l'exé-
« cution de la fondation pour en informer le seigneur, qui pourra
« changer lesdits maîtres et maîtresses et en mettre d'autres. —
« Messieurs les curés et marguilliers se sont, en outre, obligez de
« faire célébrer tous les ans, à perpétuité, le jour le plus commode
« après le dimanche de Quasimodo, une messe du Saint-Esprit,
« à l'intention de M. et de Mme de Louvois[1]. »

Le 29 novembre 1690, Louis de Rond, curé de Meudon, assisté
de Pierre Faucher, tabellion audit lieu, vendit à Louvois la jouissance d'un banc dans l'un des bas-côtés du chœur de l'église,
appartenant auparavant à Louis de Bautoux, chevalier de Nogent,
moyennant cent livres destinées à l'achat d'un dais pour le saint-
sacrement[2].

Mgr de Harlay, archevêque de Paris, établissait à la même
époque la confrérie du Saint-Sacrement à Meudon : les statuts
portent la date du 10 juillet 1691, chaque confrère devait se con-
fesser au moment de son entrée dans l'association; tous les jeudis
on célébrait une messe pendant laquelle le saint-sacrement était
exposé, on priait pour les confrères malades et on leur portait la
communion. « Chacun, dit le texte, s'y trouvera avec son cierge
« à la main, ainsy qu'à l'enterrement des confrères; il y aura un
« coffre pour mettre les ornements et l'argenterie de lad. confrairie
« dont la clef sera entre les mains de l'administrateur; toutes les
« buvettes sont interdites aux confrères, qui ne pourront faire des
« assemblées de festins à l'occasion de celles qui se font pour les
« élections d'administrateurs, pour festes et autres assemblées
« d'affaires, les repas estant singulièrement défendus par ces pré-
« sents statuts, lesquelz seront lus publiquement, au moins une
« fois l'année, dans l'assemblée de l'élection de l'administrateur.
« La confrairie étant peu nombreuze, on exige trente solz de
« chaque confrère en entrant, et quinze solz sur le tant, sans quoy
« on ne pourroit acquitter les charges. »

Louvois fut douze ans propriétaire de Meudon : se promenant
vers la fin de sa vie avec son architecte pour dresser le plan de
quelques édifices nouveaux, celui-ci crut le flatter en exagérant
la beauté du lieu et la satisfaction qu'il devait éprouver de possé-
der une si magnifique terre et d'être le ministre du plus grand

1. Archives du presbytère de Meudon.
2. Bibliothèque nationale, ms. fr. 11665, et minutier de Mc Gallois.

Roi du monde; il eut la parole coupée par ces mots : « Aujour-
« d'hui favori, demain à la Bastille ! »

Le ministre mourut à Versailles le 16 juillet 1691. Dans le
partage de sa succession passé devant Caillet, notaire à Paris, le
1er avril 1694, la baronnie de Meudon échut à Mme de Louvois,
sa veuve. Elle continua de l'agrandir, car nous la voyons, le 4 de
ce même mois d'avril, acquérir, de François Langlois, vigneron,
une masure, rue des Sablons, tenant au petit mur de la terrasse
que le défunt avait fait construire au-dessous du nouvel escalier
d'Aristote. Et, le 25 décembre, elle donnait à bail les étangs du
Loup-Pendu, Villacoublay, Tronchet, Fonceaux, Villebon et la
Garenne, à Étienne Le Maître, entrepreneur des étangs du Roi,
moyennant 350 livres; et Élisabeth Turpin, veuve de Letellier,
lui loua, sa vie durant, l'étang de Villacoublay, servant à la conduite des eaux de Meudon, pour 396 livres[1]. Mais, peu après, ne
se trouvant pas en état de continuer son train, elle consentit à
céder ce magnifique domaine à Louis XIV, qui le destinait à son
fils : les pourparlers commencèrent en juin 1694 et nous sont
longuement racontés par Dangeau, Coulanges, Saint-Simon, etc.

VII.

LE GRAND DAUPHIN.

Le grand Dauphin était, on le sait, le fils de Louis XIV et de
Marie-Thérèse; né à Fontainebleau, le 1er novembre 1661, il
avait épousé, en 1680, Marie-Anne-Christine-Victoire-Joséfe-
Bénédicte de Bavière, morte le 21 avril 1690, lui laissant trois fils,
le duc de Bourgogne, le duc d'Anjou et le duc de Berry.

Le 16 juin 1694, par un contrat passé devant les notaires
Mouffle et Caillet, Mme de Louvois cédait à « Monseigneur » la
seigneurie de Meudon et les terres qui lui étaient échues par le
partage fait entre elle et ses enfants et qui lui avaient été comp-
tées 500,000 livres, moyennant quoi le prince lui donnait le
château de Choisy et les fiefs des Lignières et de Saint-Maur-des-
Fossés, qui lui avaient été légués par Mlle d'Orléans, duchesse de
Montpensier, par son testament olographe du 27 février 1685,
déposé chez Me Levasseur, notaire à Paris, le 6 avril 1693, moyen-

---

1. Minutier de Me Gallois.

nant un retour de 400,000 livres[1], et à la charge que « Monsei-
« gneur » laisserait Honoré Courtin jouir de sa maison. La ven-
deuse se réservait, comme n'étant pas compris dans cet échange,
le grand et le petit Velizy, l'Hôtel-Dieu de Villacoublay[2], la
ferme de Grange-Dame-Rose, qui lui appartenaient par ce partage[3], plus cent arpents hors du parc, dépendant de Trivaux, et
le clos de la Seigneurie[4].

Le 6 septembre suivant, Michel Thomassin de Joyeux, valet
de chambre du Dauphin et nouveau gouverneur de Meudon,
reconnut avoir reçu tous les titres de propriété. Le Dauphin devait
payer au curé un muid de blé méteil, un muid et demi de vin
clairet, 32 livres en argent pour la dîme de soixante arpents enfermés dans le parc, plus 100 livres de rente constituée par Servien
en exécution d'un contrat d'échange passé avec l'église le 27 décembre 1658, et dont Louvois s'était chargé, et à la paroisse 46 liv.
2 s. 6 d., etc. Louis XIV fit réunir aux domaines acquis par son
fils les terres de Chaville, Viroflay et Villacoublay, dont jouissait
le chancelier Letellier, et celle d'Ursine, qui était échue à l'abbé
de Louvois par le partage de la succession paternelle. Pour l'exécution de ce projet, il nomma, par arrêt du Conseil du 5 décembre 1695, des commissaires auxquels il donna pouvoir d'acquérir en son nom les terres en question, avec faculté d'en faire
donation entre vifs, au nom du Roi, au Dauphin, ce qui fut
exécuté le 11 décembre pour Mme Letellier, qui reçut 390,000 liv.,
et le 19 pour l'abbé de Louvois, qui toucha 259,750 livres. Les
deux contrats furent confirmés par lettres patentes du mois de

---

1. L'acte de vente, que nous avons relevé dans le minutier de Me Caillet, porte bien 400,000 livres, et non 900,000, comme le dit Saint-Simon.

2. Villacoublay était un fief de franc-alleu noble, avec haute, moyenne
et basse justice, possédé en 1360 par Jacques Franquevast, puis par
Charles du Petitcellier, — Arnaud de Corbie, chancelier de France, —
Nicolas Candillon en 1451, — Jean de Livret et Arnaude de Corbie, —
Antoine de Villiers, — François, Jean et Claude de Monceau en 1522, —
Pierre et Jacques du Lac en 1596, — Michel Letellier et Élisabeth Turpin
en 1648, — et enfin le Roi le 11 décembre 1695.

3. D'après l'inventaire fait au décès de Mme de Louvois en 1717, Velisy,
le Petit-Velisy et Villacoublay lui appartenaient encore à cette époque.
(Bibliothèque nationale, ms. fr. 3337.)

4. Archives nationales, registres d'insinuations, Y 277, et minutier de
Me Gallois.

janvier 1696, registrées au Parlement le 21. Le mur de séparation entre Chaville et Meudon fut démoli à cette époque.

Aussitôt l'achat conclu, Louis XIV alla visiter Meudon, comme il avait fait pour Choisy ; Le Nôtre lui fit remarquer les beautés du château et des jardins et lui dit : « Il y a longtems, sire, que « je vous souhaite cette maison ; je suis ravi que vous l'ayez, mais « j'eusse été fâché que vous l'eussiez eue plus tôt, car ils ne vous « l'auraient pas faite si magnifique. »

De nouveaux travaux commencèrent immédiatement ; les dépenses en ont été données par notre confrère M. J. Guiffrey, dans ses *Comptes des bâtimens du Roi*. Dès l'origine, Monseigneur constata que Mme de Louvois avait fait emporter les statues qui se trouvaient précédemment dans la maison et les jardins et ne paraissaient pas avoir été comprises dans le marché, ne laissant que des vues du bosquet de Versailles, des fleurs, par Baptiste, la copie des joueurs d'instruments du Dominiquin, et celle du portrait du marquis del Guasto par le Titien, le tout estimé 9,170 liv.[1]. M. de Villacerf fit en conséquence redemander à la marquise les quatre vases de marbre blanc qui étaient dans le parc, les bustes placés dans les murs, les tableaux de Vandermeulen ornant la galerie, les copies de l'Albane qui étaient dans le salon, les tableaux de la chapelle, enfin les meubles de la galerie[2].

Les eaux amenées à Chalais par 64,300 mètres de rigoles furent refoulées à l'étang de Bel-Air, point culminant du parc, par une machine attribuée à Vauban.

Louis XIV envoya des meubles à Meudon ; des niches à chiens en marqueterie ; des miroirs sculptés par La Roue ; un saint Jean et une Vierge de Léonard de Vinci ; la Vision de saint Augustin ; Mars et Vénus, de Lanfranc ; Acis et Galathée, de Perrier ; des animaux de Benedetto, puis des figures de bronze, un Gladiateur que l'on posa au bout de l'allée des Pins, une Atalante et le petit Faune de la reine de Suède, fondus par Vinache ; la Vénus de Médicis et Adonis, fondus par Keller (ces quatre dernières pièces ornèrent le parterre de la grotte) ; la Cléopâtre de marbre blanc, faite à Rome d'après l'antique, fut mise près du grand bassin ovale du jardin bas. On tira aussi de Versailles un globe de mar-

---

1. Archives nationales, O¹ 1515.
2. Bibliothèque nationale, ms. fr. 1165.

queterie de marbre qu'on posa au parterre du Gladiateur, qu'on nomma dès lors parterre du Globe[1].

Des statues, des bustes de bronze, de marbre, d'albâtre, de porphyre, ornèrent les galeries; les plafonds furent peints par Audran. Antoine Coypel exécuta pour la chapelle une Annonciation et une Résurrection dont la gravure nous a été conservée. Ce même artiste peignit en outre, dans la salle de billard, deux panneaux de forme ovale, Diane en Endymion, Hercule et Alceste, faisant pendant à Hercule, entre le Vice et la Vertu, par Lafosse, et Latone se plaignant à Jupiter, par Jouvenet. La salle à manger avait cinq paysages de Josse de Montpet et de Jacques Fouquières, et les galeries du rez-de-chaussée, outre des statues de grande valeur, possédaient douze tableaux de bataille par Martin aîné.

Les jardins furent agrandis et remaniés par Lenôtre, et l'orangerie devint célèbre par le nombre et la grosseur de ses arbres; on en avait repris 533 pour 45,974 livres à la succession de Louvois[2].

Séjour habituel de l'héritier du trône, objet d'embellissements incessants, ayant pour hôtes Louis XIV, les princes et les princesses, Meudon parcourut alors une période des plus brillantes. C'est là que les satires et les pamphlets du temps, et surtout les mémoires de Boisjourdain, placent le théâtre de plusieurs scènes de libertinage.

Monseigneur aimait le séjour de Meudon; il s'y reposait de l'étiquette de Versailles et de Marly, et Mlle Choin, qui était pour lui une sorte de Mme de Maintenon, avec des facultés moins hautes, mais avec un cœur plus tendre, augmentait le charme de sa retraite, car, malgré le voisinage, il ne se montrait que très rarement à la cour. Le Roi le venait voir trois ou quatre fois l'an et demeurait plusieurs jours de suite au château; la liaison de son fils, régularisée, dit-on, par un mariage secret[3], lui était con-

---

1. Département de Seine-et-Oise : « A Meudon, était dans les jardins « une mappemonde en marbre blanc; on l'a cassée pour en retirer quelques « filets de cuivre qui divisaient le globe..... Il y avait une belle copie de la « Cléopâtre, antique; un des membres de la Commune, interrogé sur ce « monument, répondit qu'il ne le connaissait pas, mais qu'il y avait hors « du jardin une femme couchée. Cette statue est affreusement mutilée. » (Rapport à la Convention sur le vandalisme par Grégoire. Frimaire an III.)

2. Archives nationales, O^1 1525, et minutier de Me Gallois. En 1754, ils furent portés à Bellevue (O^1 1518).

3. Nous n'avons trouvé dans les registres paroissiaux de Meudon aucune

nue, et, après en avoir marqué quelque mécontentement, il avait fini par proposer à Mlle Choin de la recevoir à Versailles, mais cette personne modeste refusa constamment tout ce qui pouvait l'arracher à l'obscurité. Elle avait des goûts si simples qu'elle s'obstina à n'avoir ni maison montée, ni équipage à Paris; elle demeurait au Petit-Saint-Antoine, chez Lacroix, et, pour se rendre à Meudon, elle prenait un carrosse de louage.

Là, cependant, elle avait une espèce de cour; elle était le centre et l'âme de réunions que Saint-Simon appelle les « Parvulo » de Meudon et où les courtisans ne manquaient pas plus qu'à Marly. On remarquait qu'elle gardait son fauteuil devant les fils du Dauphin et qu'elle prenait avec la duchesse de Bourgogne l'air et le ton d'une belle-mère, mais on ne voulait pas voir que cette familiarité n'était qu'une des formes de sa bonté native.

Saint-Simon et Dangeau nous ont raconté au long ce qui se passa à Meudon, aussi ne ferons-nous que l'indiquer succinctement. Le 11 novembre 1696, il y eut une grande cérémonie pour la distribution du pain bénit dans l'église, qui fut toute tendue de tapisseries des Gobelins; puis vinrent les premières expériences du télégraphe aérien du physicien Amontons.

Le 8 mai 1696, dans la chapelle du château, François de Clermont-Tonnerre, aumônier de la Reine, évêque de Langres, baptisa Louis, fils de Jean Hassassin, sieur de Longwy, concierge du palais, et de Louise Bonnet. Le parrain fut le Dauphin et la marraine la princesse de Conti. A cette époque, Le Frosne, architecte, était contrôleur de Meudon, et le prince avait à Villebon une chapelle dans laquelle l'archevêque de Paris permit de célébrer la messe et où il put aller les matins de chasse. Elle existe encore, avons-nous dit.

Le 16 janvier 1697, François de Mailly, aumônier du Roi, baptisa dans la chapelle le fils de Claude Miette, sieur de Longepierre, contrôleur des domaines octroyés aux fortifications de Paris; l'enfant fut tenu sur les fonts par le Dauphin et par la princesse de Conti.

Jean Hassassin de Longwy, étant devenu veuf, se remaria, le 22 avril 1697, avec Marguerite Robinot, fille d'Antoine Robinot,

---

trace d'un mariage que le grand Dauphin aurait contracté avec Mlle Choin, et auquel semblent croire Maurepas, Boisjourdain, Saint-Simon, Édouard de Barthélemy et d'autres historiens.

juré mouleur de bois à Paris, et de Marguerite Crespy, demeurant Montagne-Sainte-Geneviève. Le contrat fut honoré de la signature du Dauphin, de Joyeux, de Dumont, etc.

Le 5 juillet 1697, le marquis de Ferreo, ambassadeur de Savoie, fut reçu à Meudon par le Roi et par Monseigneur.

François de Vaubécourt-Haussonville, aumônier du Roi, baptisa le 3o juillet le fils de Louis Douceur, concierge du château, présenté par le Dauphin et la princesse de Conti.

Le 6 septembre suivant, le Prévôt des Marchands et les Échevins portèrent au Roi, à Meudon, suivant le testament du duc de la Feuillade, une médaille d'or représentant la statue de la place des Victoires.

En juin 1698, on saisit une bande de faux sauniers qui se cachaient dans les communs du château.

Le Dauphin et la princesse de Conti tinrent encore sur les fonts, le 8 juillet 1698, Louis, fils de Louis de Melun, prince d'Épinoy, et d'Élisabeth de Lorraine.

C'est à Meudon que Saint-Simon fut, en mai 1698, pris d'une si belle indignation en voyant dans une tapisserie les comtes de Soissons et d'Harcourt représentés *couverts*, et qu'il place la scène scandaleuse qui eut lieu, le 28 juillet, entre le prince de Conti et le grand Prieur.

Le châtelain de Meudon avait beaucoup dépensé pour ses travaux. Ses dettes montaient à 5oo,ooo livres, que le Roi paya en 1699. En cette même année, le duc et la duchesse de Lorraine vinrent visiter Meudon, où « Monsieur » les mena.

Le 21 mars 1699 eut lieu le baptême de Marie-Louise, fille de Jean Donneau de Vizé et de Catherine Le Hongre, demeurant aux Galeries du Louvre[1]. Le parrain fut Monseigneur et la marraine la princesse de Conti.

En août 1699, Meudon eut la visite des États du Languedoc et en septembre celle du marquis Centurione, envoyé de Gênes, et du marquis de Lenoncourt, envoyé de Lorraine.

En janvier 1700, le Dauphin augmenta les appartements du château et y employa 200 ouvriers; il fonda dans le village un

---

1. Jean Donneau de Vizé (1636-1710), fondateur du *Mercure galant*, avait obtenu un logement au Louvre pour lui et pour sa femme, fille d'Étienne Le Hongre, sculpteur, qui fit un des bas-reliefs de la porte Saint-Martin.

hospice de dix lits, établit une communauté de quatre sœurs pour prendre soin des malades, avec une pension pour elles; la chapelle fut desservie par les Capucins. Dans cet hiver, il y eut force fêtes à la Cour; Monseigneur donna des bals très brillants. « Ce ne sont que voyages à Meudon, » dit Coulanges. Le 16 novembre, Philippe V y vint saluer son père, avant de partir pour l'Espagne.

Dangeau nous raconte que Louis XIV vint visiter, le 14 novembre 1702, les nouveaux bâtiments élevés par Mansart, d'abord les écuries commencées en 1701, puis la chapelle où l'on travaillait depuis 1700. Le Roi fut aussi dans son nouvel appartement, qui était tout meublé; il le trouva fort agréable, mais il en condamna l'entrée, quoiqu'il reconnût qu'il était malaisé d'en faire ailleurs une plus commode.

Le 14 avril 1703, le Roi passa sur la terrasse la revue de ses gendarmes et de ses chevau-légers, qui étaient habillés de neuf.

Jouvenet peignit en 1703, pour le Dauphin, cinq grandes chasses différentes et des dessus de portes représentant des retours de chasse.

Il y avait alors, suivant un manuscrit du Cabinet des estampes, une très curieuse distribution des appartements; on y logeait M. de Joyeux, M. Dumont, M. Bastide, M. Mansart, M. Félix, premier chirurgien, des gardes du corps, des Cent-Suisses, etc. [1]. Cette année-là, le besoin d'argent fit prêter l'oreille aux projets d'un invalide, qui prétendait avoir travaillé autrefois à faire une cachette pour un gros trésor, du temps de Louvois. Il fouilla longtemps, abîma beaucoup et ne trouva rien.

Le 17 mars 1703, l'Académie des inscriptions et médailles tint à Meudon sa séance publique; il s'y trouva le coadjuteur de Strasbourg, le Père de la Chaise, le duc d'Aumont, etc.; on y lut la *Description de la maison royale de Meudon*, en vers latins, par l'abbé Boutard, plus tard traduite en français par l'abbé Jarry. L'abbé de Caumartin, président de l'Académie, dit qu'on croyait, en entendant cette description, se promener avec Horace dans les jardins d'Auguste.

---

1. Bibliothèque nationale, Cabinet des Estampes, topographie de Seine-et-Oise. Félix de Tassy, mort en 1703, premier chirurgien de Louis XIV, qu'il opéra d'une fistule, avait une maison aux Moulineaux. Voir, sur ce personnage, Saint-Simon et Dangeau.

Meudon reçut en 1703 la visite du duc de Bavière et celle du duc de Mantoue.

Le château de Servien et de Louvois, quelque vaste qu'il fût, cessa bientôt de suffire à sa destination ; il fallut songer à bâtir, et l'emplacement de la fameuse grotte fut jugé favorable à celui d'un nouveau palais, d'autant qu'elle menaçait ruine. Jules Hardouin Mansart fut chargé des travaux ; il commença en 1706[1] et termina en 1709 le palais neuf qui a subsisté jusqu'en 1871. Le Roi alla visiter les nouveaux bâtiments de son fils, à qui il conseilla de faire quelques changements, trouvant cet édifice trop beau pour un particulier, trop mesquin pour un prince.

On conserve aux Archives nationales (O[1] 1523) le compte de ce qu'a coûté ce château.

État des ouvrages de maçonnerie et charpenterie, couverture, etc., pour le château neuf de Meudon en 1706, 1707, 1708, 1709, montant à 741,071 livres 17 sols.

Maçonnerie, par Lemaître et Varignan, 377,780 l. 14 s. 1 d. — Charpenterie, par Aubert, 57,425 l. 6 s. 8 d. — Couverture, par Charnel, 5,880 l. 12 s. 6 d. — Plomberie, par Lucas, 5,517 l. 5 s. — Menuiserie, par Guesnon, 45,618 l. 10 s. 10 d. — Menuiserie, par Nesles, 37,091 l. 2 s. 5 d. — Menuiserie, par Marteau, 25,098 l. 2 s. 9 d. — Menuiserie, par Cartel, 1,120 l. — Menuiserie, par Caffin et Pannier, 16,705 l. 2 d. — Serrurerie, par la ve Valleran, 1,065 l. 2 d. — Serrurerie, par Richard, 14,000 l. — Serrurerie, par Petit et Parent, 2,700 l. — Contrecœurs, par Boivin, 2,641 l. 3 d. — Sculptures en plâtre et en pierre, par Poultier, Lemoyne, Lepautre, etc., 29,981 l. — Sculpture en plomb, par Osiman, 1,336 l. — Sculpture en bois, par Dugoulon, 14,459 l. 16 s. 5 d. — Dorure, impression et vernis, par Derozier, 15,396 l. 1 s. — Dorure, impression et vernis, par Audran, 5,852 l. 12 s. 10 d. — Dorure, impression et vernis, par Tiercelin, 3,209 l. 3 s. 2 d. — Marbres, par Tarlet, 12,030 l. 10 s. 1 d. — Marbres, par Cuvilier, 3,191 l. 2 s. 6 d. — Vitrerie, par Gombault, 2,908 l. 18 s. 7 d. — Pavés de grès, par Renouf, 5,510 l. 9 s. 19 d.

---

1. Comptes des Bâtiments du Roi, 1706 (O[1] 2204, p. 435).

3 octobre 1706 : « Aux ouvriers qui ont démoli les trois pavillons de la « grotte du château de Meudon pendant deux semaines finies le 4 sep- « tembre dernier, 235 liv. 13 s. »

10 octobre : « A ceux qui ont travaillé à transporter les démolitions qui « étoient en magasin à la grotte de Meudon, dans la maison de M. Cour- « tin, pendant deux semaines finies le 18 sept. dernier, 566 liv. 18 s. 6 d. »

— Tableaux, par Desportes, 5oo l. — Tableaux, par Bertin, 280 l. — Tableaux de fleurs, par Fontenay, 34o l. — Tableau restauré, par Vernansal, 15o l. — Glaces de la manufacture, 19,893 l. 18 s. 11 d. — Pose desdites, par Briot, 270 l. — Bronzes, par Saultray, 270 l. — Bronzes, par Lochon, 2,100 l. — Bronze de la console de l'escalier, par Déjardin, 170 l. — Bronze de deux vases, par Gaillot, 120 l. — Modèles, par Vassé, 600 l.

Le 22 avril 1706, Thomas de Joyeux, gouverneur de Meudon, étant mort, Monseigneur donna sa succession à Dumont de Gaureau, à qui le Roi accorda 20,000 livres de gages.

Il y avait toujours beaucoup de monde à Meudon; en 1707 par exemple, les hôtes à demeure en étaient le prince de Conti, M. de la Rocheguion, M. de Liancourt, M. de la Vallière, M. de Luxembourg, le duc de Villeroy, M. d'Albergoti, etc. Comme l'écrivait Mme de Maintenon à la princesse des Ursins le 10 avril et le 26 septembre, on s'y amusait fort; l'on y allait de Versailles, en bandes nombreuses et joyeuses, dîner, courir la foire, admirer des danseurs de corde, souper et jouer jusqu'au point du jour.

Le 13 avril 1708, Marie-Thérèse Vallon, fille de Michel Vallon de Boisroger, économe des fermes de Monseigneur et de Françoise Durand, eut pour parrain Hyacinthe de Gaureau-Dumont, gouverneur du château, et pour marraine Marie-Anne Bouvard.

Peu après, Mme de Saint-Simon fit visite au prince, qui la reçut sous les marronniers. En 1709, vinrent les duchesses d'Elbeuf et de Mantoue ainsi que l'électeur de Bavière.

Le lendemain de Pâques 1711, Monseigneur tomba malade de la petite vérole, dont il mourut. Il faut lire dans Saint-Simon le saisissant récit de cette agonie, de cette mort et de l'horreur qui régnait à Meudon. C'est une des pages les plus saisissantes de ses Mémoires.

L'acte de décès du Prince est conçu en ces termes : « Louis, « Dauphin de France, mourut de la petite vérole le mardi au soir « 14 avril 1711. Le curé du lieu lui donna l'absolution sur les « marques que le Dauphin lui donna en lui serrant la main. Il « eut l'honneur d'accompagner son corps avec les aumôniers du « Roi jusqu'à Saint-Denis, où il fut porté le 16 suivant. »

Meudon et Chaville, qui valaient plus de 40,000 livres de rentes et contenaient pour plus de 1,500,000 livres de meubles et de pierreries, composaient la succession du défunt, sur laquelle il y avait plus de 3oo,ooo livres de dettes. A la demande de Philippe V, le mobilier somptueux qui ornait le château prit le chemin de l'Espagne; il se trouve en grande partie au palais royal de Madrid; les meubles ordinaires furent mis à l'encan sous la direction de Dumont et du bailli de Meudon.

Piganiol de la Force nous a laissé une très curieuse et très complète description de Meudon. Nous ne pouvons qu'y renvoyer le lecteur, ainsi qu'à celle qui est intitulée : *Les curiositez de Paris et de ses environs, par M. L. R.* A Paris, chez Saugrain l'aîné, quai des Augustins, près la rue Pavée, à la *Fleur de Lys*[1].

VIII.

LOUIS XV ET LOUIS XVI.

Meudon échut après le grand Dauphin à l'aîné de ses fils, le duc de Bourgogne, qui n'habita pas ce domaine et n'y fit que de rares apparitions. La mort, qui frappait en même temps les membres de la famille royale, l'emporta moins d'un an après son père, le 18 février 1712. La seigneurie passa ensuite au Dauphin, qui fut plus tard Louis XV, malgré les convoitises du duc et surtout de la duchesse de Berry, et le Roi se chargea de l'administration de cette terre, au nom de son petit-fils[2]. Le 20 septembre, la ferme en fut donnée à François Boutet de Guignonville, moyennant 40,000 livres; le fermier devait payer les cens dus au curé et ne pouvait pas laisser chômer la terre. Il était tenu de conserver des remises à gibier, taillis, haies, etc., et entretenir mille paires de pigeons à Villebon : les bois contenaient à ce moment 1,920 arpents[3].

Meudon fut alors assez abandonné, et, en 1713, on dut afficher une défense de laver dans les bassins du parc; les blanchisseuses du pays en abusaient et empoisonnaient les eaux; les délinquants

---

1. Israël Sylvestre, Rigaud et bien d'autres artistes ont gravé des vues de Meudon; on peut s'en procurer à la Chalcographie du Louvre. Les plus curieuses se trouvent dans la *Géométrie pratique* de Manesson Mallet, Paris, 1702, in-8°.
2. Archives nationales, O¹ 38o3.
3. Archives nationales, O¹ 3825.

étaient passibles de la confiscation du linge et d'un mois de prison [1].

Le 17 mai 1717, Pierre le Grand alla voir Meudon, où il fut reçu par le maréchal de Tessé [2].

Au printemps suivant, la grande cascade fut détruite par suite du manque d'eau et de la difficulté de réparer les conduites [3].

Par lettres patentes du 11 décembre 1718, Louis XV accorda sur sa demande et en usufruit à sa tante, la duchesse de Berry, fille du Régent, le domaine de Meudon avec ses revenus, à charge d'entretenir le château, en remplacement d'Amboise, qui lui avait été donné comme habitation par le feu Roi en 1714. On connaît les amours de cette princesse et son mariage secret avec le comte de Riom [4], cadet de Gascogne, qui n'avait rien que sa bonne mine. C'est à Riom que la princesse donna le gouvernement de sa nouvelle terre; Dumont, qui en était pourvu auparavant, obtint 6,000 livres de pension pour l'en dédommager; une compensation fut aussi accordée par le Roi à la duchesse de Ventadour, sa gouvernante, et au cardinal de Rohan, grand aumônier de France, pour les appartements qu'ils y avaient, et on leur en fournit d'autres à Versailles. Le bail à ferme de la terre fut passé devant Me Caisel, notaire à Meudon, le 31 mars 1719, par la duchesse au sieur de la Roche [5].

La duchesse de Berry ne devait pas jouir longtemps de ce château, qu'elle avait tant désiré : le 26 mars 1719, elle eut des couches fort laborieuses, et malgré ce qu'on put lui représenter du danger de l'air, du mouvement du carrosse et du changement de lieu, elle résolut de s'établir à Meudon. En effet, le lundi de Pâques, 10 avril, elle s'y rendit avec son mari et la plupart des dames de sa maison. Pour cacher au public ses discussions avec le Régent, elle donna un souper sur la terrasse, à sept heures du soir, et voulut y assister, malgré le froid qui la faisait grelotter. Dans la nuit même, elle se trouva mal et fut attaquée par une fièvre des plus violentes; on dut la transporter à la Muette, cou-

---

1. Archives nationales, O¹ 1515.

2. Bibliothèque nationale, ms. nouv. acq. franç. 4135. Voir aussi le *Bulletin de la Société de l'histoire de Paris*, janvier 1891.

3. Bibliothèque Mazarine, ms. 1666 A.

4. Armand Signaire d'Aydie, comte de Riom, premier écuyer de la duchesse, était neveu de Lauzun.

5. Archives du presbytère de Meudon.

chée entre deux matelas, dans un grand carrosse. Ce fut sa dernière folie; elle mourut, à l'âge de vingt-quatre ans, le 21 juillet. Aussitôt après la mort de cette princesse, on mit les scellés à Meudon; le duc d'Orléans envoya chercher Dumont, lui rendit son gouvernement, et lui ordonna de faire revenir tous les gens qui y étaient auparavant et de les réintégrer dans leurs emplois.

Nous trouvons, à la date du 9 septembre 1718, l'adjudication par les commissaires généraux du conseil à la comtesse de Verrue[1] de la seigneurie de Villacoublay, de la maison du Grand-Écu, dans le village, et d'une ferme au lieu dit « la Bourgogne, » aussi à Meudon, moyennant 32,800 livres, et un contrat d'échange, passé à la même date, devant Taillandier, notaire à Meudon, entre Louis de Rond, curé, et la comtesse, par lequel celle-ci céda au curé cinquante perches à « la Bourgogne, » contre 24 perches 3/4 de vignes au lieu dit « Griffoix, » ledit échange fait bout à bout et sans soulte. Ce n'était qu'une augmentation, car, dès 1703, elle avait acheté, moyennant 24,000 livres, à la marquise de Louvois, une maison assez vaste avec grandes dépendances, sise à l'entrée de Meudon; une grande porte cochère donnait sur la route que longeaient les jardins dans la direction du bourg. Elle ne s'y trouvait jamais seule, emmenant avec elle soit sa sœur, Mme de Saissac, soit le chevalier de Luynes, qui avaient chacun leur chambre attitrée. En outre, bien d'autres venaient l'y rejoindre, passer quelques heures auprès d'elle ou s'arrêtaient quelques instants en descendant du château. Son hôtel de la rue du Cherche-Midi,

---

1. Jeanne-Baptiste d'Albert de Luynes, née le 18 janvier 1670, tenue sur les fonts par Colbert et la princesse de Soubise, était la fille de Charles-Louis d'Albert, duc de Luynes, et d'Anne de Rohan-Montbazon. Le 5 août 1683, à treize ans, elle épousa Joseph Scaglia, comte de Verrue. Plus tard, connue à la cour sous le nom de *dame de Volupté*, elle devint la maîtresse du duc de Savoie, dont elle eut deux enfants légitimés ultérieurement; après sa rupture avec ce prince, elle se fixa à Paris et acheta une maison à Meudon.

La propriété du Grand-Écu était située dans l'îlot formé par la rue Royale, la rue du Four (où était le four banal), la rue Terreneuve et la rue des Ménétriers (aujourd'hui avenue Jacqueminot). Il semble, d'après le plan de 1723, que l'ancienne seigneurie de Meudon, qui fut divisée en lots et vendue par les héritiers du général Jacqueminot, appartenait à Mme de Verrue, ainsi que la propriété de celui qui écrit ces lignes et qui était située au-dessus de la précédente, plus près de l'esplanade, et qui est aussi morcelée aujourd'hui.

situé là où sont aujourd'hui les conseils de guerre, regorgeait de meubles rares et précieux; Mme de Verrue en fit porter une grande partie dans sa maison de Meudon et dans une seconde, plus grande, contiguë à la première, et qu'elle avait achetée avec ses jardins et dépendances à Pierre Caillot, en décembre 1719, moyennant 50,000 livres. Ces deux maisons, la dernière surtout, furent donc luxueusement meublées; les plus belles chambres étaient celles du prince et de la princesse de Grimberghen [1]; les murs reçurent des tableaux et des gravures. La comtesse possédait en outre une fort belle bibliothèque, dont tous les livres étaient frappés d'un écusson aux armes des Verrue et des Luynes, et quelques-uns portaient même, au-dessus des armes, le mot « Meudon » timbré en or.

Par son testament, reçu le 20 septembre 1736 par Jacques

---

1. Le prince de Grimberghen, comte de Wertinghem, pair du Cambrésis, ministre et conseiller d'État intime de S. A. électorale de Bavière, lieutenant général de ses troupes, son ambassadeur à Paris, avait épousé Charlotte de Montigny, princesse de Berghes, le 16 mars 1715. Voir *la Comtesse de Verrue* par M. G. de Léris, Paris, Quantin, 1881, *passim*, et Archives nationales, T 153^51-52, T 153^29 et T 153^86; Clément de Ris, *les Amateurs d'autrefois*, etc. — Suivant les actes relevés chez le notaire de Meudon, cette propriété appartenait au général et à la comtesse Jacqueminot, qui l'avaient acquise, le 28 juin 1834, d'Adolphe-Achille Bouchet. Ce dernier ainsi que Mme Rousseau et Mme Joubert en étaient propriétaires, chacun pour un tiers, comme héritiers de Marie-Louise Monselleur, leur mère, décédée à Paris le 24 mai 1831. Celle-ci l'avait acquise, avec une partie du mobilier, de Louis Foin, suivant contrat passé devant Me Robin, notaire, le 23 ventôse an IX, moyennant 130,000 livres. Foin en était propriétaire au moyen de l'adjudication à lui faite, au prix de 107,250 livres, sur les héritiers des époux Thiroux d'Arconville. Ceux-ci à leur tour l'avaient eue, par contrat passé devant Me Clos, notaire, le 22 juillet 1766 : 1° des curateurs à l'interdiction de Marie-Louis d'Aumont-Mazarin ; 2° de Louis-Alexandre-Céleste d'Aumont, duc de Villequier, et de Félicité-Louise Letellier-Montmorel, son épouse; 3° de Jeanne-Louise-Constance d'Aumont-Villeroy, épouse de Gabriel-Louis Neuville de Villeroy, seuls héritiers de leur mère, Félix-Victoire de Durfort-Duras, épouse de Louis-Marie d'Aumont.

Les d'Aumont étaient arrière-petits-fils de la duchesse de Bournonville (Luynes), sœur de Mme de Verrue, une Bournonville ayant épousé le duc de Duras, et une fille de celui-ci le duc d'Aumont (voir ces trois généalogies dans La Chesnaye des Bois). L'héritière unique du duc de Grimberghe, frère de Mme de Verrue, épousa, le 2 janvier 1735, son arrière-neveu, le duc de Chevreuse, et mourut sans postérité; celui-ci se remaria avec Mlle d'Egmont en 1738 (Moréri, I, 276-278).

Eudes et Nicolas Leprévost, notaires à Paris, Mme de Verrue laissa sa maison de Meudon toute meublée au prince de Grimberghen, « parce qu'il n'en possède aucune à la campagne, » et après lui à la duchesse de Duras et à la duchesse d'Aumont[1]. Elle mourut le 18 novembre suivant, et l'inventaire de ses richesses artistiques nous a été conservé.

Le 3 janvier 1719 fut inhumé dans l'église de Meudon le corps de François de Larochefoucault-Bayers, décédé à l'âge de deux ans, fils de Marie-Mathieu de Larochefoucault, marquis de Bayers, et de Marie de Turmenie[2].

Après la mort de la duchesse de Berry, Mme de Saint-Simon avait été aux eaux de Forges ; son mari demanda au Régent quelques logements dans le château neuf pour qu'elle pût achever sa cure. Le duc d'Orléans le lui donna en entier et tout meublé ; notre grand historien y passa quelques étés, ainsi qu'il le dit en ses mémoires et dans ses lettres à Gualterio. Nous relevons à ce sujet, à l'état civil, que le 15 mai 1722 « Louis-Charles d'Alsace, « prince du Saint-Empire, marquis de Vère, grand d'Espagne de « première classe, chevalier de la Toison d'or, veuf de Diane- « Victoire-Gabrielle de Mancini-Mazarin, épousait dans la cha- « pelle du château Charlotte de Saint-Simon, fille de Louis de « Saint-Simon, pair de France, gouverneur de Blaye, et de « Gabrielle de Durfort-Lorges. » Et que, le 22 juin 1722, « Guy- « Claude de Laval-Montmorency épousait dans la même chapelle « Marie-Élizabeth de Saint-Simon, fille d'Eustache Titus, mar- « quis de Saint-Simon, et de Claire-Eugénie d'Hauterive. »

L'église de Meudon vit célébrer, le 23 février 1723, le baptême de Madeleine, fille de Gabriel de Guénégaud, conseiller du Roi en son conseil d'État ; le parrain fut Jean de Guénégaud et la marraine Marie de Roquefeuil[3].

En juin, le Roi alla demeurer à Meudon. Il y passa une grande revue de sa maison[4].

Le 23 juillet 1723, le fils de Jules-François-Louis de Rohan, prince de Soubise, et de Jeanne-Julie-Adélaïde de Melun, fut

---

1. Testament de Mme de Verrue. Vente Charavay, octobre 1892.
2. État civil de Meudon.
3. État civil de Meudon.
4. « Le château de Meudon était en 1723 la résidence d'été du duc d'Or- « léans, » lisons-nous dans les *Mémoires du Président Hénault*, par Lucien Perey. Paris, Calman Lévy, 1893, p. 125 et suiv.

nommé René, baron de Précy, par Antoine de Beaussan, Cent-Suisse du Roi, et Marie Perrin, fille de François Perrin, garde-magasin du Roi à Meudon [1]. On était sans doute pressé par le temps, et on prit les premiers parrains venus.

Le 27 mai 1724, fut célébré dans la chapelle du château le mariage d'Ives-Robert Legall, fils de J.-B. Legall, écuyer, et de Christe-Jeanne Sauvageau, avec Jeanne-Josèfe de Carmin, veuve de Jacques de Mares, marquis de Bellefosse, etc., en présence de Marie-Marguerite-Reine de France, femme de Charles-Antoine Séguier, comte de Liancourt, lieutenant-colonel des armées du Roi, mère de l'épouse [2].

Le 30 septembre 1725, Léonard-Nicolas de Lamet, conseiller secrétaire du Roi, avocat au parlement et aux conseils de Sa Majesté, bailli juge civil et criminel du lieu, y mourut à quarante-trois ans et fut enseveli dans l'église [3].

Louis XV passa, le 14 juillet 1726, sur la terrasse, la revue de ses deux compagnies de mousquetaires [4], et le soir alla coucher à Rambouillet.

Par édit du mois de septembre 1726, donné à Fontainebleau, le Roi ordonna que le domaine de Meudon, dont Sa Majesté avait joui jusqu'alors séparément, serait, à l'avenir, compris dans la régie générale de la couronne. Le terrier en fut dressé par MM. de Gaumont, conseiller d'État ordinaire, Trudaine, conseiller d'État et intendant des finances, Bertier de Sauvigny et d'Ormesson d'Amboile, maître des requêtes; les bois furent dorénavant exploités par la maîtrise des eaux et forêts [5].

Il y avait alors à Meudon une famille anglaise dont nous avons

---

1. État civil de Meudon.

2. État civil de Meudon. Voir, sur ces personnages, Dangeau et la *Chronologie militaire* de Picard.

3. Registres paroissiaux de Meudon.

4. La gravure nous a conservé le souvenir de ce fait.

5. Il existe aux Archives départementales de Seine-et-Oise un merveilleux plan de Meudon et de ses environs, daté de mai 1723, qui est l'œuvre d'Alexandre Lemoine; la circonférence du parc, non compris Chaville, était de 5,950 toises; la largeur, des Capucins à Trivaux, de 1,680.

Les principales propriétés, la maison de Courtin, celle que l'on nomme la Maison-Rouge, le clos de la Seigneurie, la propriété Verrue, y sont marquées, ainsi que les Croix du Val, de la Prévôté (là où est aujourd'hui le buste de Rabelais), de la Pointe, des Capucins, la Croix sans feuilles (la Croix des Courqueux), etc.

relevé les deux actes suivants : « 13 novembre 1724. Renald-
« François-Xavier, fils du marquis et comte de Safford, vicomte
« de Fortroise, lord Makinsie et Kintail, baron d'Arlève, cheva-
« lier de Saint-André, pair d'Écosse, et de Marie Kennett, fille de
« Nicolas Kennett, seigneur de Coxhor et Helden, dans le Pala-
« tinat de Durham en Angleterre, a pour parrain Renald, sieur
« de Clanvanald et de Mondart, un des premiers chefs des mon-
« tagnes d'Écosse, et pour marraine Françoise de Coxhor, veuve
« du seigneur de Cuthbert, au palatinat de Durham. » — Et, le
15 décembre 1726, « Milord Thomas, fils des mêmes, de cette
« paroisse, âgé de neuf mois, fut inhumé dans le chœur de
« l'église, en présence de Robert Connestable, de la paroisse Saint-
« Étienne-du-Mont. »

Le Dauphin, fils de Louis XV, fut conduit le 14 mai 1734 à
Meudon[1], ainsi que ses sœurs, pour y passer la belle saison. Parmi
les objets apportés du garde-meuble à cette occasion, on remarque
un lit de brocart de Florence, des meubles de brocart bleu à fleurs
d'argent, deux pendules de gribelin émaillé, etc.[2].

En 1735, le Dauphin y fit un nouveau séjour; ses logements
sont marqués tout au long dans le volume 1298 des Archives du
ministère des affaires étrangères; il y reçut le comte Osarovski,
envoyé de la République de Pologne. Le 3 septembre, on donna
une grande fête pour le divertissement du jeune prince, avec illu-
minations et feux d'artifice; inventée par le duc de Gesvres, premier gentilhomme de la chambre, elle fut dirigée par M. de Bon-
neval, surintendant de l'argenterie[3].

Stanislas Leczinski, roi de Pologne, vint en France en juin
1736 et logea au château de Meudon, qui lui avait été préparé par
ordre du Roi. Il y arriva le 4, à onze heures du soir, dans un
carrosse que la Reine lui avait envoyé au Bourget. Le 7, il fut à
Versailles voir son gendre, qui lui rendit sa visite le lendemain.

---

1. Il semble que le Dauphin et ses sœurs aient déjà fait à Meudon un
séjour l'année précédente. On lit, au fol. 29 du ms. franc. 6569 de la Bibl.
nat. : « Le séjour des Enfans de France à Meudon a été déterminé au com-
« mencement du mois de may 1733 dans une assemblée de médecins qui
« s'est tenue à Versailles, par raport à leur santé, la mort de Madame
« troisième et celle de M. le duc d'Anjou ayant fait peur pour les autres.
« Leur voyage a été fixé par la suite au 21 du même mois... »

2. Archives nationales, O¹ 1731.

3. La gravure nous a conservé le souvenir de cette fête.

Le Roi, la Reine, toute la cour vinrent souvent alors à Meudon chez le père de Sa Majesté.

On lit dans les mémoires de Luynes que la marquise de Jarre avait, en 1737, une maison à Meudon, dont le roi lui avait donné la jouissance; le bailli eut envie d'avoir cette maison, et s'adressa pour cela à M. de Champcenetz, valet de chambre du Roi, gouverneur du château; celui-ci en référa au cardinal de Fleury, qui fit droit à la requête du bailli. M. de Lisle, contrôleur des bâtiments[1], réclama contre cette décision, ce qui amena une série de conflits; mais, finalement, le Roi donna raison à M. de Champcenetz. Ce séjour de la famille de Jarre nous est confirmé par l'acte suivant, tiré de l'état civil de Meudon : « Le 10 mai 1737, « Marie-Angélique-Sophie, fille de Jacques-Nicolas de Verneuil, « garde des plaisirs du Roi, et de Marie-Madeleine Budin, a « pour parrain Alexandre de Rochechouart, chevalier, marquis « de Jarre, capitaine des gardes de la reine d'Espagne; la mar- « raine fut Marie-Madeleine de la Chaise, marquise de Pelvé, « épouse de messire de Flers, chevalier, marquis de Pelvé, comte « de Flers, gouverneur de Meudon, capitaine lieutenant des « gendarmes de Berry[2]. » Cette maison fut ensuite occupée par le sieur Gallyot, procureur du Roi, et donnée le 1er mai 1753 par Louis XV à Abel Poisson de Vandières, frère de Mme de Pompadour[3]. C'était jadis la maison du sieur Bastide, contrôleur de la bouche de « Monsieur. » Elle était située au-dessous de l'escalier d'Aristote, au levant du Château vieux.

Dans la journée du 18 janvier 1739, un grand vent abîma le château et les arbres du parc; les dommages furent très considérables[4].

Jean-François Varembault, procureur général au bailliage de Meudon, y demeurant, fils majeur de feu J.-J. Varembault, aussi procureur à ce bailliage, et de Denise Desjardins, épousa, le 18 janvier 1740, Antoinette Le Riche, veuve de Thomas Duval, marchand de bois à Meudon[5].

---

1. Charles-Jean Garnier de Lisle, architecte. Mai 1724 : inhumation de Brigide-Julie-Élisabeth, âgée de trois mois, fille de M. Garnier de Lisle, contrôleur général des bâtiments du Roi, et de Julie Desgaux. (État civil de Meudon.)

2. Voir Saint-Simon sur ces Pelvé.

3. Archives nationales, O¹ 1091.

4. Archives nationales, O¹ 1518.

5. Minutier de Mᵉ Yver, notaire à Paris.

Jacques La Rouvière, bonnetier ordinaire de Louis XV, demanda et obtint en 1747 la permission de cultiver à Meudon une plante textile nommée hoüette[1].

Marguerite Duru donna, le 14 novembre 1747, à l'église du lieu 200 livres de rentes, au principal de 4,000 livres, pour que « la sacristie soit par la suite bien fournie de linges et autres « choses nécessaires à la propreté et décence du service divin[2]. »

Le 12 avril 1750, Coypel, premier peintre du Roi, prit au château quatre tableaux pour être mis au Luxembourg. Il y avait alors à Meudon un bronze de la plus grande beauté, qu'on regardait comme antique. C'était une Minerve en casque, avec peu d'ornements; elle était dans la galerie; on la transporta dans le Cabinet des antiquités du Roi à Paris[3].

Il fut établi en 1751, dans les bois de Verrières, un rendez-vous de chasse, « bâti à la romaine, » qui coûta 148,000 livres[4]. Il fut brûlé en 1790.

En août 1752, le Dauphin, qui avait été malade, s'en vint encore à Meudon et y reçut la visite du Roi, de la Reine, de Don Jayme de Lima, ambassadeur d'Espagne, du baron de Schœfen, ministre de Suède, des dames de la Halle, etc.[5].

L'École militaire de Paris fut bâtie vers cette époque, et le Roi en fit tirer les pierres des carrières de Meudon[6]; il y avait là encore une fort belle récolte d'oranges, et Rossignol, jardinier du château, les portait à Versailles[7].

En mai 1756, le Dauphin et ses frères s'installèrent à Meudon avec la comtesse de Marsan; ils y reçurent Erizzo, ambassadeur de Venise, les cardinaux de Tavannes, de Luynes et de Gesvres, Mgr Gualterio, nonce du Pape, le corps de la ville de Paris, les états du Languedoc. Le 13 septembre, il fut tiré un magnifique feu d'artifice sur la terrasse. Pendant le séjour des princes, on garda au château, de crainte de feu, des ouvriers organisés en pompiers, qui veillèrent nuit et jour[8].

---

1. Archives nationales, O¹ 1515.
2. Archives du presbytère de Meudon.
3. Archives nationales, O¹ 1515.
4. Archives nationales, O¹ 1516.
5. *Mercure* et *Gazette de France.*
6. Arch. nat., O¹ 1496-1497.
7. Arch. nat., O¹ 1517.
8. *Mercure* et *Gazette de France.* — Arch. nat., O¹ 1525.

Nous avons vu au presbytère, portant la date de 1756, deux magnifiques manuscrits : ce sont le *Liber Evangeliorum* et le *Liber Epistolarum, ad usûm ecclesiæ parrochialis et regiæ de Meduno*, donnés par Pialla de Mongillon, curé du lieu. Ils sont peints par Jarry et écrits par L.-F. Rabache.

Pour 1760, on relève à la mairie deux actes mortuaires concernant une même famille. « Le 26 janvier, décès de Louise-Mar-
« guerite, âgée de quatre ans, fille de Jean-Louis Quantin de
« Richebourg, marquis de Champcenetz, gouverneur de Meu-
« don, et de Claudine Pernon. — Le 10 septembre, décès de
« Louis-Quantin de Richebourg, marquis de Champcenetz, gou-
« verneur de Meudon, âgé de soixante-onze ans, époux de Thé-
« rèse de Trévillon. Son fils assiste à ses obsèques. »

La princesse de Talmond habitait le Château neuf en 1761 et se plaignait de l'état de délabrement où le château était laissé. Elle écrivait à M. de Marigny, surintendant des bâtiments royaux :
« Il y a une chose qui me ferait le plus grand plaisir du monde,
« ce serait un demi-treillage sur ma terrasse, cela ferait le bon-
« heur de ma vie, que je vous devrai, et ce n'est pas peu de
« choses... Vous m'avez promis pour ce beau Meudon, que vous
« laissez dépérir, trois croisées au lieu de celles qui tombent en
« poussière[1]. »

Le chemin de Paris à Versailles par Meudon fut réparé en 1757[2]. En juillet 1761, le Roi prêta la terre pour y faire des expériences d'agriculture[3]. Des faisans de la Chine y furent élevés en 1764[4].

Le 1er juin 1767, la chapelle du château vit le mariage de Eugène-Eustache, comte de Béthisy, chevalier de Saint-Louis, colonel du régiment de Cambrésis, fils d'Éléonor de Béthisy et d'Henriette-Julie de Tarteron, avec Charlotte-Marie-Octavie-Adélaïde du Deffant, fille d'Eustache-Marie du Deffant et de Marie Dupuy de Digny[5].

---

1. Archives nationales, O¹ 1515-1527.
2. Archives nationales, O¹ 1525.
3. Archives nationales, O¹ 1525.
4. Archives nationales, O¹ 1518.
5. État civil de Meudon. — Eugène-Éléonor de Béthisy, marquis de Mézières, maréchal de camp, avait épousé, en 1738, Julie-Élisabeth de Tarteron de Monstier. Leur fils, Eugène-Eustache, se maria, comme nous le voyons, en 1767, à Mˡˡᵉ du Deffant, d'une famille du Nivernais, fille

Les magnifiques épicéas du parc furent abattus en 1768, et le sieur Guibert, sculpteur, entrepreneur des travaux du Roi, les acheta 68,200 livres[1].

Meudon était fort abandonné sous Louis XV. En 1770, M. Le Dreux, contrôleur, avait pu écrire, sans être taxé d'exagération, à M. de Marigny :

Les enfants de Boisselet, jardinier, l'ont quitté et se sont mis dans quelque atelier de terrasse... Rossignol, jardinier de l'Orangerie, arrose les orangers du Roi, pieds, jambes, tête nus, avec un habit galonné, n'ayant pas mangé de viande ni bû de vin depuis deux ans, ne se nourrissant que de pain bis, ne buvant que de l'eau. Je ne charge pas ce tableau ! Camus, fontainier, âgé de soixante-neuf ans, accablé par la maladie du plomb, cache sous un habit galonné les secours en pain qu'il reçoit de la paroisse et des sœurs de charité... Il ne me reste plus, Monsieur, qu'à vous parler de l'inspecteur et de moi, qui, dans des places plus distinguées, n'en sommes pas moins à plaindre, l'éducation ajoutant aux chagrins communs une amertume d'autant plus mortelle qu'on s'interdit la plainte.

Dix ans après, on portait remède à cette pénurie en supprimant une partie des étangs pour cause de manque d'eau, en diminuant considérablement le parc et en le réduisant aux dimensions actuelles. Cette même année 1780, le Roi tirait le canard sur l'étang de Trivaux, sur lequel on amena des bateaux pour cette chasse[2].

Louis XVI eut, vers 1776, l'intention de donner le château de Meudon au comte d'Artois, afin qu'il eût une maison de plaisance aux environs de Versailles. Nous ne savons ce qu'il advint de ce projet[3]. Le greffe du bailliage de Meudon fut aliéné au profit du sieur Nouette, moyennant une rente de 100 livres, le

---

unique, destinée « à une immense fortune en fonds de terre près Paris. » Né le 5 janvier 1739, enseigne au régiment de Rohan-Rochefort en 1750, colonel de celui de Cambrésis en 1767, commandeur de Saint-Louis en 1787, il mourut à Paris lieutenant général et gouverneur des Tuileries en 1823, à quatre-vingt-quatre ans. De ce mariage, contracté à Meudon, est issu le comte Charles, marié 1° à M‍ᵉ d'Havrincourt, sa cousine; 2° à M‍ᵉ d'Esquelbecq, d'origine flamande : il mourut aussi gouverneur des Tuileries en 1827, laissant un fils, Alfred-Charles-Gaston, allié 1ᵉ à M‍ᵉ de Chabot, 2° à M‍ᵉ de l'Espine. (Archives de la maison de Béthisy.)

1. Archives nationales, O¹ 1519.
2. Archives nationales, O¹ 1515.
3. *Courrier de l'Europe*. Londres, 19 novembre 1736.

14 août 1776 [1]. A cette époque, on dressa un inventaire de Meudon, où nous voyons [2] de fort riches tapisseries : huit pièces des Métamorphoses d'Ovide, huit de Renaud et Armide, douze de Chasses, huit des Éléments, huit de Constantin, onze d'Alexandre; et, en soie, huit de l'Histoire de Diane, quatre portières d'or, etc. Et, en fait de tableaux et d'objets d'art :

1º CHATEAU VIEUX.

Appartement de feu Monseigneur. Dessus de porte : *a*) Triomphe de Bacchus, par Lafosse. — *b*) Silène ivre, par Antoine Coypel. — *c*) Naissance de Bacchus, par Jouvenet. — *d*) Bacchus, par Boulogne.

Salle de billard. Dessus de porte : *a*) Latone, par Jouvenet. — *b*) Hercule, par Lafosse. — *c*) Hercule, par Coypel. — *d*) Procris, par Boulogne.

Chambre ensuite. Deux dessus de porte, par Fontenay.

Chambre à coucher. Trois dessus de porte, par Baptiste.

Chez la princesse de Conti. Deux dessus de porte du même, deux de Coypel.

Cabinet de madame de Maintenon. Dessus de portes : *a*) Moyse, de Colombel. — *b*) La Reine de Saba, de Perron. — *c*) Les Filles de Jethro, d'Alexandre. — *d*) Abigail, de Boulogne.

Appartement de Louis XIV. Deux dessus de porte de Baptiste.

Salon de Mars. Huit tableaux de Baptiste.

Grande galerie. *a*) Van der Meulen : la Prise de Courtray et M. de Turenne, la Prise de Tournay et M. de Louvois, la Prise de Cambray, la Prise de Luxembourg, la Prise de Valenciennes, la Prise de Dôle. — *b*) Martin : la Prise d'Ypres, la Prise de Fribourg, la Prise de Condé, la Prise de l'Eau.

Petit salon. Fragment de l'Albane.

Galerie de communication. Six Fontenay, trois Baptiste, trois Desportes, un Vaubec, un Martin l'aîné, un Vandermeulen.

2º CHATEAU NEUF.

Chapelle. Un tableau de Corneille, un de Fontenay, un de Desportes.

Chambre à coucher de Monseigneur. Un tableau de Fontenay, six Satyres de marbre, Jupiter sur un aigle, Junon sur un paon, quarante bustes anciens en bronze, marbre, etc., un buste d'Alexandre en porphyre.

---

1. Archives nationales, O¹ 1519.
2. Archives nationales, O¹ 3407.

Le Roi donna en 1781 au curé et aux missionnaires de Saint-Louis de Versailles un terrain dans le parc[1].

Noel de Mackau, « garçon, natif d'Irlande, naturalisé Français, « ancien écuyer de la duchesse de Berry, » légua, le 3 août 1783, aux pauvres, cent livres de rentes à prendre sur une maison qu'il possédait rue des Ménétriers[2].

Suivant un registre des comptes du Roi, on paya en 1785 300 livres au curé pour le luminaire et les reposoirs de la Fête-Dieu, et 120 livres à Charles-Marie Nouette, greffier du bailliage, pour l'entretien de la fontaine publique[3]. Le 6 septembre de la même année, une famille indienne, présentée au Roi à Compiègne, fut établie dans le Château neuf. « C'est, » lisons-nous dans le rapport où nous avons relevé ce fait[4], « une population diffi-« cile à placer, si on ne la tient pas dans l'isolement pour lequel « elle est née. »

Les tableaux de Van der Meulen, représentant les sièges où avait commandé Louis XIV, étant très abîmés par l'humidité, on les répara en 1786[5].

Le dernier séjour royal à Meudon avant la Révolution fut celui du fils aîné de Louis XVI et de Marie-Antoinette, qu'on y transporta pour le changer d'air. Le 2 mars 1789, M. de Survie fit commencer des réparations au château pour l'arrivée du prince. Les Archives nationales (O¹ 1518) contiennent la curieuse corres-pondance de M. d'Harcourt, son gouverneur, à ce sujet. Il demande qu'on nettoie les bassins à cause de l'odeur de l'eau croupie, qu'on organise un billard, qu'on répare le chemin qui conduit au Château neuf, où devait habiter son élève, « car la « route est impraticable quand il pleut et est de nécessité absolue « pour la famille royale, quand elle vient de Versailles, ou de « Saint-Cloud, ou de Bellevue... Un carrosse à huit chevaux ne « peut passer sous la voûte de la chapelle... » Peu de jours après son installation, le Prince reçut du Prévôt des Marchands et du procureur du Roi ses premières armes, une épée, un fusil, deux pistolets, ornés d'or et exécutés par Auguste, orfèvre du Roi.

---

1. Archives nationales, O¹ 1503.
2. État civil de Meudon.
3. Bibliothèque nationale, ms. français 6811.
4. Archives nationales, O¹ 1515.
5. Archives nationales, O¹ 1515.

Il eût fallu un miracle pour sauver le pauvre enfant, qui ne put jamais marcher sans soutien; il mourut le 4 juin 1789; son corps fut exposé dans une chapelle ardente, et les princes, les députations des États généraux, le Parlement, la Chambre des comptes vinrent défiler devant lui. Son acte de décès est ainsi conçu :

L'an de grâce mil sept cent quatre-vingt-neuf, ce jourd'hui samedi treize juin, le corps de très haut, très puissant, très excellent prince Louis-Joseph-Xavier-François, Dauphin de France, fils de très haut, très puissant et très excellent prince Louis seize, roi de France et de Navarre, et de très haute, très puissante et excellente princesse Marie-Antoinette-Josèfe-Jeanne de Lorraine, archiduchesse d'Autriche, reine de France et de Navarre, décédé le jeudi quatre du présent mois, à minuit quarante minutes, au Château neuf de Meudon, de cette paroisse, âgé de sept ans sept mois treize jours, a été transporté pour être inhumé dans le caveau, lieu de sépulture de nos rois, en l'église de l'abbaye royale des religieux bénédictins de Saint-Denys-en-France. Ledit transport fait en présence de François-Henri, duc de Harcourt, pair et garde de l'oriflamme de France, gouverneur de Mgr le Dauphin, de Henri-Évrard de Dreux, marquis de Brézé, grand maître des cérémonies de France, de Son Éminence Louis-Joseph de Montmorency-Laval, premier baron chrétien, grand aumônier de France. En présence de nous, Albert Séjan, curé de l'église royale et paroissiale de Meudon, qui avons accompagné dans l'une des voitures de Sa Majesté jusque dans l'église Saint-Denys[1].

Le 5 octobre 1789, Louis XVI courrait le cerf dans la forêt de Meudon, lorsqu'on vint le chercher pour retourner à Versailles, où les événements se précipitaient. Il dit à ses courtisans, en faisant coupler les chiens : « Messieurs, la chasse est finie. » Ce n'était pas la chasse qui se terminait, mais la monarchie des Bourbons, et cela aux lieux mêmes où elle avait pris naissance trois siècles

---

1. Archives du presbytère de Meudon.

C'est sans doute la mort à Meudon du fils *aîné* de Louis XVI et de Marie-Antoinette qui a donné lieu à la légende suivante qui nous a été racontée par une personne autorisée. L'autre Dauphin, l'infortuné prisonnier du Temple, aurait été délivré par des royalistes et caché dans la forêt de Meudon; sa retraite aurait été découverte peu après par les gendarmes de la Convention et le petit prince massacré avec ses sauveurs. Nous le répétons, nous ne donnons cette nouvelle version de la mort de Louis XVII que sous les plus absolues réserves.

auparavant, quand Henri de Navarre quittait Meudon pour aller
à Saint-Cloud recueillir le dernier soupir d'Henri III.

Des gens malintentionnés pillèrent le pavillon de chasse de
Trivaux en 1790[1]. Enfin, le 1er juin 1791, Marc-Antoine de
Noailles, « ci-devant » prince de Poix, maréchal des camps et
armées du Roi, gouverneur de Versailles, Marly et Meudon,
louait 20,000 livres la ferme de Meudon au sieur François Mache-
lard[2].

Meudon sous Louis XV a été décrit dans l'ouvrage intitulé :
Voyage pittoresque aux environs de Paris par M. D... Paris,
1755, in-8°.

IX.

1789-1889.

La Révolution arriva, et, le 2 avril 1789, fut publié le *Cahier
des doléances et pétitions du tiers-état du bailliage de Meudon,
arrêté dans l'assemblée générale du ressort*[3]. Le 19 janvier
1790, l'Assemblée nationale créait le *Département de Paris*,
dont les limites passaient par Meudon[4]. Le 13 mars, le territoire
de la commune fut divisé en huit sections : Bellevue, les Bigots,
la Pointe, les Sorrières, les Pucelles, les Glissières, le Bourg de
Meudon, comprenant le village, le château et ses dépendances, et
enfin le parc, désigné sous le nom de section Louis XVI[5]. Peu
après la mort de Mirabeau, la municipalité et la garde nationale
firent une cérémonie pour rendre hommage à sa mémoire, et le
citoyen Goujon y prononça un éloge funèbre qui fut imprimé[6].
Le 14 mars, le conseil de la commune fixa le prix du pain à
39 sous la livre au maximum[7]. Cette même année, on abattit les
grandes et majestueuses allées qui étaient prodiguées dans le
domaine, et on eut particulièrement à regretter les hêtres superbes

---

1. Archives nationales, O[1] 1518.
2. Archives nationales, O[1] 1519.
3. Bibliothèque de la ville de Paris, au musée Carnavalet.
4. *Moniteur universel*.
5. Registre des délibérations de la Municipalité.
6. Bibliothèque de la ville de Paris, au musée Carnavalet.
7. Registre des délibérations de la Municipalité.

qui bordaient la terrasse et qu'on regardait, pour la beauté des arbres, comme uniques en France.

Le 14 messidor an III, les vases de l'église furent vendus 10,231 liv. 8 s., et les cloches descendues pour être fondues : on paya pour cela 474 liv. au charpentier Michon. A la Révolution, la Fabrique avait 5,744 liv. 5 s. 9 d. de revenus et 4,094 liv. 15 s. de charges.

Bientôt après, on établit une fabrique de piques et on rechercha les fusils. Le 15 mai 1793, les noms des rues furent changés : la place de l'Église prit le nom de place de l'Union; le bout de la rue depuis la Croix des Courqueux[1] jusqu'à l'église se nomma rue de l'Égalité; le surplus de cette rue jusqu'au coin du jardin du citoyen Foin[2] fut la rue de la Liberté; la Grand'-Rue devint celle de la République; la place de l'Orme du Four[3] fut la place de la République; la rue des Pierres fut celle de la Fraternité; celle des Sablons, de la Réunion; la rue du Four devint rue Dampierre[4]; la rue Deudard, la rue Le Pelletier[5]; le cul-de-sac Saint-Denis se nomma *Reste-là*. Un autel de la Patrie, où toutes les cérémonies officielles durent être célébrées, s'éleva sur l'esplanade du château.

En 1793, J.-B. Treilhard et J.-B. Auger se transportèrent au château, levèrent les scellés mis par la municipalité et dressèrent l'inventaire du mobilier[6]. Le Comité de salut public, par un arrêté du 20 octobre de cette année, établit à Meudon des ateliers mystérieux où, sous la direction de Monge, de Berthollet, de Fourcroy, de Chaptal, de Carnot, de Robert Lindet, on étudiait les inventions qui devaient perfectionner l'artillerie et remplacer le salpêtre qui faisait partout défaut. On y expérimentait les boulets creux et les projectiles incendiaires qui même mirent un jour

---

1. La Croix des Courqueux était dans l'intérieur du parc, près la remise actuelle des ballons dirigeables, à droite et en bordure de la grande avenue conduisant à l'étang de Chalais.

2. Le citoyen Foin était propriétaire de l'ancienne seigneurie qui devint la propriété Jacqueminot-Duchâtel, comme nous l'avons déjà dit.

3. Au confluent de la rue des Sablons et de la rue Royale.

4. Et non pas Dufour. Elle tirait son nom d'un four banal qui y avait jadis existé. Le général de Dampierre venait d'être tué à la tête de ses troupes; sa famille habitait Fleury, où son buste fut couronné le 21 mai 1793.

5. Le Pelletier Saint-Fargeau venait d'être assassiné.

6. Bibliothèque nationale, ms. français 7818.

le feu à la forêt[1]. On y fabriquait des cartouches, des fusées ; on appliquait à la guerre, comme on l'applique aujourd'hui, l'aérostation, récemment découverte ; une compagnie de trente aérostiers, choisis parmi les élèves de l'École de Mars, avait été établie sous la direction du capitaine Coutelle, ce fut elle qui figura à Fleurus avec des ballons confectionnés à Meudon. Le 5 messidor an II, il fut même formé une seconde compagnie[2].

Par un autre arrêté du 24 mars 1794, une commission composée de trois membres fut nommée pour centraliser et accélérer les travaux. Les ouvriers occupèrent les deux châteaux ; les terrasses et le parc furent interdits au public.

Le secret qui entourait ces travaux ne laissait pas que d'aiguillonner la curiosité : des rôdeurs furent surpris autour des arsenaux, et, pour tenir les indiscrets à distance, on fortifia l'enceinte réservée et, en moins d'une semaine, les Meudonnais eurent creusé tout à l'entour de larges fossés, dressé des murailles, construit des redoutes et des courtines. C'est à cette époque qu'une légende absurde place là des tanneries de peau humaine[3].

Le 16 février 1795, le feu fut mis par un ouvrier, nommé Nicolas Édeline, en chargeant un artifice avec une baguette de fer ; on s'attendait à voir sauter le château et la terrasse, mais un pompier, appelé Aufray, se dévoua et alla ouvrir des robinets d'eau qui inondèrent les poudres renfermées dans les caves ; il reçut 5oo francs de gratification pour ce fait[4].

Pour grand que fût le dommage occasionné par l'incendie, il fut moindre que celui que causèrent les machines ; le vieux Château parut tellement ruiné que la municipalité de Versailles en ordonna la démolition en 18o3. Les anciens du pays prétendaient jadis qu'au bruit de la mine qu'on employait à faire sauter les fondements le Premier Consul, qui était à Saint-Cloud, accourut, mécontent de la précipitation que l'on mettait à effectuer cet acte de vandalisme, et voulant l'empêcher s'il en était temps encore. Il était trop tard, et le dernier mur s'écroulait lorsqu'il arriva. Les matériaux furent dispersés, et les colonnes de marbre rouge veiné de l'arc de triomphe du Carrousel provien-

---

1. Bibliothèque nationale, imprimés, Lk[7] 4894.
2. Archives nationales, AF 11220.
3. *Moniteur universel.*
4. Archives municipales, et Archives nationales, AF 11320.

nent du vestibule du château des Guise. Le Ministre de l'intérieur réclama quatorze colonnes de marbre bleu turquin, et l'Annonciation sur toile fut donnée à l'église.

Nous voyons dans la Correspondance impériale que, le 18 thermidor an XIII, Napoléon écrivait du camp de Boulogne à Daru de faire enlever les décombres de la terrasse[1]. L'Empereur fit restaurer le Château neuf; les plantations furent renouvelées, les bassins creusés et nettoyés, les jardins remplis de fleurs et les appartements de meubles somptueux. Des bronzes furent fournis par Raviso; Feuchère envoya un lustre de 8,000 francs; des soieries vinrent de Lyon, représentant des palmes d'or avec des marguerites et les attributs de la guerre, des arts, du commerce et de l'industrie. Lepaute fournit dix-sept pendules magnifiques. En même temps, on rachetait les parties du domaine qui avaient été aliénées[2]. Lorsqu'il partit pour la grande armée, Marie-Louise

---

1. Bissié et Ternisien en furent adjudicataires moyennant 120,000 francs.

2. Le 26 et le 28 août 1810, par-devant les notaires Noël et Heignet, Alexandre Berthier, prince et duc souverain de Neufchâtel, prince de Wagram, vice-connétable de France, et Joséphine Carcano, veuve de François Visconti, demeurant tous deux rue Neuve-des-Capucines, vendirent à l'Empereur : 1° le petit parc de Meudon et les étangs de Chalais et de Trivaux, savoir trente hectares enclos, formant l'ancien petit parc de Meudon, appelés le Vertugadin, le carré des Étoiles, le bas jardin et la corbeille ; 2° l'avenue de Chalais, conduisant du chemin de Meudon à l'étang de Chalais, cette avenue autrefois extérieure et maintenant dans l'enclos, au moyen de ce que le chemin public qu'elle formait avait été reporté plus loin le long des murs dudit enclos; 3° une pièce de terre, autrefois également en dehors dudit enclos, au-dessus de la chaussée de l'étang de Chalais, près le bois des Étoiles et la porte de Fleury ; 4° l'étang de Chalais, de forme hexagone régulière, entouré d'un mur en moellon couvert d'une tablette en pierre; 5° le canal ou étang des Truites, en forme de carré long, terminé par deux ronds-points; 6° plusieurs sources, ruisseaux et bassins; 7° plusieurs petites constructions.

Plus, au dehors de l'enclos : 1° une pièce de terre, appelée le chemin de l'Inspection, contenant 1 hectare 54 ares; 2° une autre pièce de terre, contenant 65 ares ; 3° l'étang de Trivaux, entouré d'une allée de peupliers, contenant 92 ares 72 centiares; 4° l'avenue de Fleury, au-devant de la porte de Fleury, plantée de grands marronniers. On observa que le Prince avait fait enclore de ce côté le petit parc, présentement vendu, et qu'il avait fait laisser le chemin nécessaire entre la propriété de la dame Parizot et la sienne, pour communiquer de Meudon à Clamart, en passant par l'avenue de Fleury.

Ces biens appartenaient en nue propriété à Mme Visconti et en usufruit

s'y installa à son retour de Prague avec son fils; ils y demeurèrent jusqu'en mai 1812. Le roi de Rome se promenait dans un chariot tiré par des chèvres blanches aux cornes dorées, que lui avait envoyées la reine de Naples[1], et Treu, de Bâle, y sculpta son buste.

Le gouverneur était le comte de Pully[2] qui touchait 15,000 fr.; sous ses ordres, un adjudant, M. Leclerc, recevait 1,500 fr. Il y avait un concierge à 2,400 fr., deux frotteurs à 800 fr., trois portiers à 960 fr., un jardinier à 1,800 fr., un aide à 1,000 fr., un fontainier à 1,000 fr., deux gardes-magasin à 2,000 fr.

Un des projets de Napoléon avait été d'établir à Meudon une école de rois. Les princes des diverses branches de la famille impériale qu'il destinait à occuper des trônes auraient été élevés ensemble dès l'âge de cinq ans; ils auraient appris dans une éducation commune à se connaître et à s'aimer; ils y auraient puisé des idées et des mœurs semblables et, plus tard, auraient appliqué dans leurs états les principes de la civilisation française. Une bibliothèque de 6,000 volumes devait être réunie au château.

La reine Catherine de Westphalie habita Meudon du 28 avril au 14 novembre 1813, et l'on trouve des détails sur ce séjour dans les *Mémoires* du roi Jérôme[3].

En 1814, Meudon eut à loger un grand nombre d'alliés. Du 11 avril au 30 mai, il fut réquisitionné par les troupes de Barclay de Tolly; des Cosaques et des grenadiers russes y tinrent garnison[4]. Une gravure du musée Carnavalet nous montre comment ils y employaient leur temps.

L'année suivante, Meudon eut beaucoup à souffrir des Prussiens. Blücher, qui opérait sur la rive gauche de la Seine, éprouva une vive résistance de la part des débris de nos troupes, commandées par les généraux Vandamme, Excelmans et Labédoyère. Le 3 juillet, les hauteurs de Meudon et de Saint-Cloud furent le

---

au prince de Wagram, par suite d'adjudication du 16 floréal an X, faite par le préfet de Seine-et-Oise, sous le nom du sieur Collet-Duflos. Le prix de la vente à l'Empereur était de 96,800 francs.

1. La gravure nous en a été conservée.

2. Charles-Joseph Randon de Pully (1751-1832), comte de l'Empire, gouverneur de Meudon le 5 janvier 1812, était en 1813 colonel du 1er régiment des gardes d'honneur qu'il avait organisé.

3. Tome VI, p. 122. Paris, Dentu, 1865.

4. Archives municipales de Meudon.

théâtre d'une fusillade meurtrière; les ennemis ne purent être délogés de la terrasse où ils s'étaient retranchés. Le même jour, on signa la convention qui mettait fin aux hostilités; cependant, les habitants furent désarmés et le village pillé par les Anglais[1].

Sous la Restauration, aucun des princes n'habita Meudon. Le comte d'Artois et le duc de Berry ne le prirent que comme rendez-vous de chasse. Le 19 juin 1822, nous dit le *Moniteur* du 22, la commune célébra la fête du sacre de Charles X; des danses publiques eurent lieu le soir dans le parc. Le gouverneur était alors M. le duc de Castries[2].

Au mois d'août 1831, durant la guerre civile qui désola le Portugal et pendant l'usurpation de Dom Miguel, Meudon fut prêté par Louis-Philippe à Dom Pedro et à Dona Maria da Gloria, sa fille.

Le duc d'Orléans y passait parfois quelque temps, les années suivantes, surtout lorsqu'il était aux arrêts, et il créa un haras au Vertugadin.

A partir de 1841, le maréchal Soult y habitait l'été. Le bibliothécaire du château était alors M. de Bonnechose, l'historien, frère du cardinal-archevêque de Rouen.

Le chemin de fer de l'Ouest, rive gauche, fut construit en 1838; le grand viaduc du Val fut établi par M. Payen, inspecteur général des ponts et chaussées. Il se compose de sept arches de 7 mètres d'ouverture et de 36 mètres de hauteur, sur 43 mètres de long; il a coûté deux millions. Le 8 mai 1842, jour de grandes eaux à Versailles, eut lieu, non loin de Bellevue, un terrible accident; il y eut plus de cinquante blessés, transportés aux ambulances du château; parmi eux se trouvait M. Joseph Bertrand, aujourd'hui de l'Académie française. Quarante-trois personnes, dont le grand navigateur Dumont d'Urville, périrent là. Une chapelle commémorative fut élevée le long de la voie, où elle se voit encore près du pavé des Gardes.

Sous le second empire, le château devint la résidence du prince Jérôme Bonaparte, ancien roi de Westphalie, et, après sa mort à Vilgenis, du prince Napoléon et de Mme la princesse Clotilde. Il fut alors restauré; malheureusement le prince fit convertir en jardins à l'anglaise les quinconces qui ornaient la terrasse. Il y reçut

---

1. Archives municipales.
2. Grand-père de Mme la maréchale de Mac-Mahon.

de nombreuses visites, celles du prince Humbert, depuis roi d'Italie, de la reine de Portugal, de la reine de Hollande. C'est par une singulière erreur que l'*Almanach de Gotha* fait venir au monde au château de Meudon le prince Louis, né au Palais-Royal.

Napoléon III avait établi au haras, sous la direction du colonel de Reffye, un atelier de mitrailleuses, atelier aussi mystérieux que celui des artificiers de la Convention ou des aérostiers d'aujourd'hui. C'est de là que sortirent ces engins qui devaient nous assurer la victoire en 1870, comme les canons rayés nous l'avaient donnée en 1859.

Le maréchal de Moltke vint souvent à Meudon, pendant l'exposition de 1867, et alors qu'une fastueuse hospitalité lui était offerte aux Tuileries. De ce point élevé, il put concevoir le plan de l'un des segments de ce cercle de fer qui, trois ans plus tard, devait enserrer Paris.

Après le combat de Châtillon, on organisa un simulacre de défense à Meudon, qui fut envahi par le régiment des grenadiers du roi de Prusse, le bataillon de chasseurs nº 15 et un bataillon du régiment nº 7. Les Allemands en délogèrent facilement nos troupes, s'y installèrent et accumulèrent sur la terrasse une grande force d'artillerie répartie en quatre batteries de siège, formant un total de vingt-quatre pièces. A l'angle sud étaient deux batteries de six pièces; outre les abris ordinaires, une tranchée de quatre mètres de profondeur avait été creusée dans toute la longueur de la terrasse; un chemin couvert, parallèle à la face est, faisait communiquer ces deux batteries avec une troisième, armée de quatre canons. Au sud de cette batterie, et dans le prolongement de l'épaulement, étaient établis deux abris fortement casematés, destinés à des logements d'officiers; aux deux extrémités se rencontraient deux petits réduits circulaires servant d'observatoire. Une tranchée sinueuse conduisait à une grande poudrière placée près des écuries. A l'angle nord-est était établie une quatrième batterie, armée de huit pièces, avec de nombreux abris blindés. En arrière, devant les écuries, était une poudrière considérable, composée de deux compartiments distincts et recouverte d'une grosse masse de terre. En avant de l'entrée, à droite et à gauche de l'avenue Jacqueminot, des murs crénelés et deux épaulements en terre pour l'infanterie constituaient la défense de la hauteur.

La position de Brimborion[1], terminant le front sud, ne reçut que des postes avancés, destinés à faciliter les communications officielles des assiégés ; un arbre isolé servait à élever le drapeau parlementaire.

Ce fut lors du premier siège que le château fut incendié et complètement détruit, comme le fut celui de Saint-Cloud.

Pendant la Commune, l'armée de Versailles occupa les hauteurs et utilisa les travaux allemands. Elle eut en batterie : sur la terrasse, huit pièces de 12 et huit de 24 ; à la station, cinq pièces de 7 ; à Bellevue, à la maison des Tourelles, cinq pièces de 24 rayées ; au parc crénelé, deux pièces de 24 et trois de 12 ; à l'établissement hydrothérapique, trois canons de 24 et six de 7. De nombreux combats eurent lieu autour de Meudon pendant ces deux périodes; nous ne pouvons, pour leur récit, que renvoyer nos lecteurs aux ouvrages spéciaux.

Aussitôt après la prise de Paris, les villes de Moscou et de Londres envoyèrent des secours à Meudon ; le château et le parc furent occupés militairement; un camp fut élevé sur les terrasses et au haras et une chapelle près des ruines du palais.

Aujourd'hui, la Grotte des Guise, le Château neuf du Grand Dauphin, est devenue un observatoire d'astronomie physique, institué en 1879; la terrasse est rendue aux promeneurs, qui peuvent y circuler librement; en avant de l'entrée est un buste en bronze de la République, par Courbet, élevé récemment.

En face de la grille, à droite de la grande avenue, est une pro-

---

1. Ce *Brimborion* n'est pas celui de Mme de Pompadour; il est construit sur la butte de Châtillon, au territoire de Sèvres, là où s'élevaient jadis les bois de justice de cette dernière seigneurie. Au xviiie siècle, il appartenait à la Couronne ; compris au nombre de ces petits domaines dont un arrêt du Conseil autorisa l'aliénation, il fut, en conséquence, vendu au duc de Chaulnes vers 1750; celui-ci ne le garda que deux ans. Il tomba ensuite entre les mains de deux acquéreurs sans intérêt, et fut racheté par la marquise de Coaslin (*sic*) qui y bâtit un pavillon genre Bagatelle. En 1797, la marquise s'en défit au profit du sieur Pujol, beau-père d'Horace Vernet ; puis vinrent M. de Villamil, Espagnol, qui donna l'hospitalité à Thomas Moore, M. Delisle, négociant de la rue Richelieu, M. Oppenheim, et enfin M. Darcy, à l'obligeance de qui nous devons la note ci-dessus.

Pendant le siège, on donna le nom de *batterie de Brimborion* à un ouvrage établi sur le coteau, et l'usage l'étendit à la propriété qui figure aujourd'hui sous cette qualification sur les cartes et dans les actes; elle porte le numéro 21 de l'avenue de Bellevue, à Sèvres.

priété dont la gravure nous a conservé la physionomie, c'est l'ancien « potager du Dauphin, » qui a appartenu dernièrement à Mme Gabriel Odier et à M. de Porto-Riche.

En se rapprochant de Meudon, en haut de l'ancien clos de la seigneurie, était la maison de Grâce Elliot, la belle Anglaise aimée du duc d'Orléans, Philippe-Égalité. A la Révolution, Mme Elliot fut jetée en prison et y resta dix-huit mois. A sa sortie, elle se fixa à Meudon jusqu'en 1804, où elle retourna en Angleterre; sa maison s'appelait « la Chaumière anglaise; » achetée par M. J.-B.-F. Sené, mon grand-père maternel, elle fut par lui augmentée de divers terrains, dont l'un portait un tournebride à l'enseigne de la « Grâce de Dieu, » et un autre qui avait été donné par le Grand Dauphin à son suisse, Herlobig. Elle devint ensuite la propriété de ma mère; là s'écoula mon enfance; Lamartine aimait à y venir et disait : « Il fait calme ici... » Il comparait cette habitation à « un charmant esquif voguant sur un océan « de verdure. »

Hélas, après lui, ce sont les Allemands qui vinrent dans la propriété, que j'avais louée pour la saison de 1870 à M. Ed. Hervé, aujourd'hui de l'Académie française... En 1871, je n'ai plus rien retrouvé que des arbres coupés, des murs abattus, une maison effondrée... De tout ce qui avait été si joli, il ne restait rien que des moellons calcinés, des éclats de bois, des gazons ravagés par les obus, des grilles tordues. J'ai dû vendre ce malheureux terrain, aujourd'hui morcelé et bâti ! La partie où s'élevait la maison de Mme Elliot appartient aujourd'hui à M. Thomas, notaire à Montrouge, et porte le n° 23 de l'avenue Jacqueminot.

Les bois qui formaient le grand parc ont plus de 1,100 hectares de superficie; les principales essences en sont le chêne, le frêne, le châtaignier, le charme, le tremble, le bouleau. Il n'est pas un botaniste parisien qui n'y soit allé; c'est en effet une excursion classique, et c'est par elle que commencent les séries de cours en plein air faits annuellement par les professeurs de la Sorbonne, de l'École de médecine, du Jardin des Plantes, de l'École de pharmacie, etc.

La forêt était autrefois peuplée de grands animaux[1], car, sous

---

1. Le comte de Portland, ambassadeur d'Angleterre à la cour de Louis XIV, en parle dans ses lettres. « La chasse au loup, dit-il, m'a étonné; je croyais « qu'elle était rude, exigeant une grande vitesse d'allures, longuement

l'ancienne monarchie, on y courait le daim, le cerf, voire le loup. Le prince Napoléon y avait un équipage, et ses chasses étaient fort suivies. Naguère encore, ce pays était plein de gibier qu'y entretenait à grands frais M. Bamberger, qui succéda à M. Jaluzot (du *Printemps*) dans la location des tirés. Quels jolis coups de fusil nous y avons fait nous-même, quand, après avoir déjeuné au rond-point des Champs-Élysées et traversé en voiture le bois de Boulogne, nous étions en chasse dès midi ! Quels beaux « tableaux » se voyaient chez Blanchard, le garde-chef de la porte Dauphine[1] ! Hélas, pour obéir aux injonctions de l'administration forestière, M. Bamberger avait dû engrillager à grands frais quatre-vingts hectares ; ses engrillagements enlevaient quelque agrément aux promeneurs, qui ne pouvaient plus entrer dans les carrés enclos pour y cueillir des fleurs ; les naturalistes mécontents se disaient gênés dans leurs herborisations ; la « Ligue des bois » força l'adjudicataire de la chasse à résilier son bail ; ses huit gardes se sont transportés ailleurs, et les trente familles d'ouvriers et de traqueurs qu'il faisait vivre sont tombées dans la misère.

« soutenue, tandis que ce n'est ni l'une ni l'autre. Le loup que nous chas-
« sâmes n'avait pas plus d'un an, le terrain était le plus détestable des
« environs ; nous prîmes bellement en moins de deux heures, quoique les
« chiens soient loin d'être aussi vites que ceux de Votre Majesté pour le
« cerf. On chasse tout le long de la route et des avenues de la forêt, comme
« en Angleterre dans un terrain clos. « Madame » ne perdit jamais la voie
« et ne quitta pas les côtés du Dauphin. Votre Majesté peut juger quelle
« difficulté j'eus à me maintenir à côté d'eux. » Les chasses de Meudon
étaient rarement aussi faciles que celle-ci. Monseigneur dépensait infiniment à l'équipage du loup et le courut même en 1701, le lendemain de la mort de « Monsieur. »

L'ambassadeur se rendait souvent à Meudon, qu'il estimait plus que toute autre résidence, comparant sa situation à celle de Windsor. Deux fois, il y alla de Paris pour courre le loup, et deux fois Monseigneur le retint à souper : la seconde, le grand prieur s'étant mis avec affectation avant lui, Portland fut se plaindre au Roi des prétentions de M. de Vendôme. Louis XIV lui donna raison, mais l'envoyé anglais, « parmi les « fleurs, ne laissa pas que d'essuyer quelques épines et de sentir la pré- « sence du légitime roi d'Angleterre en France. » En effet, un autre jour, il devait suivre le Dauphin à la chasse : on allait partir, Portland se bottait déjà, lorsque Monseigneur fut averti que Jacques II se trouverait au rendez-vous. A l'instant, il manda à l'ambassadeur qu'il le priait de remettre à une autre fois. Ce dernier dut se déchausser et rentrer de suite à Paris.

1. Notre grand peintre Gérôme a fait un tableau représentant ces chasses : il est chez M. Bamberger.

De nombreux arbres séculaires sont l'ornement de cette forêt ; parmi eux, nous pourrons citer l'*Arbre de vie,* ainsi nommé parce que, en 1815, les alliés le scièrent à un mètre du pied, presqu'en entier ; il ne tenait plus que par la petite partie de l'écorce opposée au sciage ; et, malgré cette mutilation, le rapprochement spontané des deux parties séparées permit à la sève de reprendre son cours. Le carrefour où l'*Arbre de vie* est planté dépendait du fief d'Aubervilliers. A deux cents mètres de ce carrefour, on voit encore, à l'emplacement figuré au plan du géographe de Fer, l'ancienne fontaine de ce nom, qui fut restaurée pendant un séjour du duc d'Orléans à Meudon, où Louis-Philippe l'avait consigné.

De charmants étangs ajoutent encore à la beauté de la forêt ; la mare Adam, Fonceaux, Chalais, Trivaux, sont appréciés des Parisiens. Les promeneurs connaissent mieux encore l'étang de Villebon.

L'étang de Chalais, aux eaux limpides, est enclavé dans le haras, où sont les ateliers d'aérostation militaire. Des tulipiers du Japon bordent la mare Adam, au milieu de laquelle s'élève un cyprès de la Louisiane. Une triste légende se rattache à l'étang de Trivaux : le peintre Gros, découragé par les violentes critiques qui accueillirent son Hercule et Diomède à l'exposition de 1835, et ne pouvant supporter l'idée de se survivre à lui-même, se serait noyé dans cet étang, où on aurait retrouvé son cadavre le 26 juin. Or, rien n'est plus faux : Gros ne se noya pas dans l'étang de Trivaux, comme l'a dit Charles Blanc, car il fut repêché par le nommé Contesenne dans la Seine, au Bas-Meudon, à la jonction de la route départementale n° 35 et du chemin des Charbonniers. Cela est prouvé péremptoirement par son acte de décès à la mairie de Meudon et à celle du dixième arrondissement de Paris [1].

Mme Roland, en ses *Mémoires,* nous parle de la forêt de Meudon, où elle allait beaucoup étant jeune fille : c'était sa promenade favorite. Elle s'embarquait au Pont-Royal et se rendait en bateau jusqu'à la Verrerie ; elle déjeunait d'une tasse de lait dans une petite ferme et dînait, soit chez un des Suisses du parc, soit à Villebon, chez le fontainier du Moulin-Rouge. Quand les Phlipon couchaient à Meudon, ils descendaient à l'auberge de la *Reine de France.*

---

1. Voir à ce sujet l'*Histoire du baron Gros* par Tripier Lefranc. Paris, 1880.

La cure de Meudon a été desservie par quelques hommes remarquables, notamment par Jacques de Beaulieu, qui plaida contre les marguilliers en 1383, et par Antoine Grandet, prévôt de l'église de Saint-Nicolas-du-Louvre, connu par ses prédications et ses écrits, etc. Nous avons pu, au moyen des archives locales, relever la liste des pasteurs de l'église de Saint-Martin de Meudon :

François Prudhomme.

Richard Berthé.

Rabelais.

Gilles de Serres, 9 janvier 1552.

Jean Baillet.

Jean Dupont, 1580.

Michel Colin, 1612 (docteur de la Faculté de Paris).

Antoine Grandet, 1619-24-39.

Antoine Moreau de Soissons.

Michel de Moncler, du Mans (au temps du chanoine Leroy, auteur de la *Légende rabelaisienne*).

Nicolas du Bouillon, 1653-1682.

J. Bignon.

Derond (ou de Rond, d'Abbeville), 1698-1718.

Henri-René Bellomeau de la Borde, 1738.

Pialla de Montgillon, docteur de Sorbonne, doyen de Châteaufort.

Séjan, 1790.

Lévêque, 1822-1835.

Desprez, 1835-1841.

Enfin les abbés Marais et Petit, ce dernier encore en exercice.

X.

LES CAPUCINS.

Le cardinal de Lorraine se trouvait, en 1562, au concile de Trente, dont il fit peindre les principales scènes au château de Meudon; il y vit les Capucins[1] et les apprécia. Il fit alors des démarches pour les attirer en France, mais ce ne fut qu'en 1573

---

1. La réforme des Capucins, inaugurée par le P. Matthieu de Baschi en 1525, fut définitivement établie en 1528 avec l'approbation du pape Clément VII.

que le Père Denis et le Frère Rémy arrivèrent à Meudon, où, en
attendant leur installation, le cardinal leur donna dans le parc,
près du château, une tour, où ils pratiquèrent d'abord une petite
chapelle et quelques chambres au-dessus. C'était la tour de Ronsard, aux environs de la grotte, et qui fut abattue par Louvois en
1680 [1].

Peu après, ils obtinrent quarante arpents du parc et construi-
sirent un couvent et une église, au lieu nommé aujourd'hui
encore « les Capucins. » L'année suivante, ils étaient quatre, et
bientôt après le nouvel ordre prit un grand essor [2].

L'église était petite, le couvent médiocrement grand, la vue
fort belle, les jardins remplis d'arbres fruitiers et embellis de
longues allées, sous de belles rangées d'arbres. On y voyait un
vivier à poisson, sur lequel on allait en bateau. Le haut de ce jardin était un bois de chênes, fournissant le chauffage aux religieux.
Derrière le couvent, et tout en haut, se trouvait l'infirmerie, d'où
on découvrait tous les environs. Les annales des Capucins
marquent qu'en 1603 l'Éminence grise, le Père Joseph du Trem-
blay, était maître des novices à Meudon, et qu'en 1627 mourut
un Père gardien, nommé Gabriel de Paris, qui allait en ville avec
le quêteur, revenait à jeun le même soir et se contentait d'un peu
de pain et d'eau.

Servien fut le protecteur des Capucins, qui ont écrit : « M. le
« Surintendant mourut en bon chrétien, assisté de son confesseur,
« le Père François Coltin, chapelain de son château de Meudon.
« Son corps fut porté en l'église des Capucins, où était gardien
« alors le Père Jérôme de Sens, où il resta dix-sept ans, jusqu'à
« son transfert à Sablé [3]. »

Dans son testament en 1677, Henri Chahu, trésorier de France,
légua de quoi faire dire 600 messes par les Révérends Pères.

Louvois fit allonger l'église et les dortoirs. Quoique le couvent
ait été bâti par les seigneurs de Meudon, les religieux contes-
tèrent à Mme de Louvois, qui s'y rendit le 16 juin 1680 pour y
entendre la messe avec la duchesse de la Rochefoucauld et d'autres

---

1. Bibliothèque de l'Université, ms. 85.

2. Quelques-uns furent installés au même moment à Paris, au lieu dit
Pique-Puce, par l'évêque de Sisteron. Plus tard, Henri III leur donna une
maison près des Tuileries, leur église fut dédiée en 1610 en l'honneur de
Dieu, de l'Assomption de la Vierge et du cardinal de Joyeuse.

3. Bibliothèque nationale, ms. franç. nouv. acq. 4135.

dames, le droit de pénétrer dans leur maison; mais cette contestation fut terminée par un bref du pape, qui permit l'entrée à la marquise et aux dames de sa compagnie[1].

Suivant les Annales de l'ordre, « M. de Louvois, sindic hono« raire des Capucins du royaume, grand bienfaiteur en particu« lier de ceux de Meudon, qu'il a rebâtis de fond en comble, mou« rut à Versailles le lundi 16 juillet 1691; son corps fut déposé « aux Invalides, et ses entrailles aux Capucins de Meudon. »

On lisait dans l'église du couvent l'inscription suivante :

« *Sta, Viator, et ingemisce super prematura morte illustris-*« *simi et potentissimi viri D. Michaëlis Letellier, marchionis* « *de Louvois, sapientissimi Galliæ ministri, regiorum ordinum* « *commendatoris et cancellarii, quem fidelitas, diu probata, et* « *indefessus labor Ludovico Magno gratum clarumque reddi-*« *derunt; quem summa in administrandis rebus bellicis etiam* « *periculosis temporibus sagacitas toti Europa mirabilem exhi-*« *buit. Quantæ fuerit religionis erga Deum hujusce monasterii* « *de novo amplissimis sumptibus excitati lapides clamabunt.* « *Quantum vero Capucinorum ordinem paterno corde dilexit,* « *et tenero sinu foverit, ipsa ejus viscera hinc condita in eter-*« *num preloquuntur.*

« *Obiit Versaliis, die lunæ* xvi *Julii, ætatis suæ anno LI.*

« *Requiescat in pace.* »

Faut-il considérer comme une légende l'histoire de ce Capucin, qui, à la fin du xviie siècle, fut, sur la route des Moulineaux à Fleury, attaqué par un voleur, le roua de coups et le fit prendre?

A l'occasion de la mort du Grand Dauphin, les Capucins firent célébrer, le 30 juillet 1711, un service pour leur bienfaiteur; leur église était toute tendue de noir aux armes du défunt, et la messe fut chantée par le Père Athanase de Mesgrigny. Le 30 août, ils dirent un autre service, où l'évêque de Grasse officia, et l'oraison funèbre prononcée par le Père Louis de Mornay, gardien et définiteur du couvent[2].

---

1. Le 28 février 1688, les Capucins reconnurent être usufruitiers des bâtiments ci-après désignés et situés en la censive de Louvois, savoir : une église augmentée et mise en meilleur ordre, une chapelle et une sacristie bâtie à neuf des libéralités du marquis en 1684, cloître, jardins potager et fruitier, un petit bâtiment dit maison de santé, et quarante-sept arpents sur le chemin de Meudon à Sèvres. (Minutier de Mᵉ Gallois.)

2. Voir, sur le Père Louis de Mornay, *un Gardien des Capucins de*

XI.

LE BAILLIAGE.

La maison qui porte aujourd'hui le numéro 12 de la rue des Sablons était jadis celle du bailli[1]. Le 18 vendémiaire an V, elle fut vendue, comme faisant partie de la ci-devant liste civile, par les administrateurs du département de Seine-et-Oise, en conformité de la loi du 28 ventôse an IV et de l'instruction du 6 floréal suivant. Elle appartient aujourd'hui à M. Félix Bricon, ancien chef de division à la préfecture de la Seine.

Les appellations du bailliage de Meudon, qui, anciennement, étaient portées au Châtelet, le furent ensuite devant le bailli de Chevreuse, lors de l'union de Meudon à Chevreuse, en faveur du duc et de la duchesse d'Étampes, sous François Ier, par lettres patentes de décembre 1545, qui ne furent pas registrées au Parlement, puis en faveur du cardinal de Lorraine, par lettres données par Henri II, en avril 1555, registrées au Parlement en mai et confirmées par Charles IX en 1564. Mais, depuis, Meudon ayant été désuni de Chevreuse, lors de l'érection de ce duché en pairie, en faveur de Claude de Lorraine, par Louis XIII, en mars 1612, les appellations des chasses et gruerie de Meudon et des arrêts des juges furent portées directement au Parlement. Charles de Lorraine, duc de Guise, avait cédé à son frère le duché de Chevreuse, avec distraction de Meudon, comme nous l'avons dit ailleurs. Ces différentes seigneuries avaient chacune leur justice particulière, qui ressortissait au Châtelet, à l'exception de celle du bailliage de Meudon, dont les appellations ressortissaient directement au Parlement, et cela depuis fort longtemps. Cette multiplicité de tribunaux, inutile et onéreuse, fut réformée par lettres patentes du mois d'octobre 1704, registrées au Parlement le 9 novembre suivant.

Les greffiers de ces justices exerçaient en même temps le tabel-

---

Meudon nommé coadjuteur de l'évêque de Québec en 1713, par le P. Emmanuel de Lanmodez, capucin, dans notre *Bulletin* de mai-juin 1891. — Une liste des gardiens des Capucins de Meudon, de 1574 à 1790, se trouve aux pages 153-164 du ms. français de la Bibliothèque nationale.

1. On l'appelait aussi le « Palais. » Louvois la donna à bail à Pierre Faucher, greffier-tabellion, moyennant 285 livres, le 30 novembre 1680.

lionage; celle de Clamart avait de plus un office de notaire royal qui resta longtemps dans la famille Puthomme. Lors de la réunion en 1704 de ces seigneuries à celle de Meudon, les minutes qui purent être recouvrées furent enfouies, avec celles du bailliage, dans une armoire, sans ordre ni répertoire. Les plus anciennes remontaient à 1563, mais la plupart ont été pillées pendant la Fronde, en 1649. De 1704 à nos jours, les minutes sont déposées chez le notaire du lieu. Nous les avons explorées, mais sans succès.

Il existe aux archives de Seine-et-Oise un fonds du bailliage de Meudon. Nous y voyons beaucoup d'affaires civiles et peu de criminelles, si ce n'est un état des prisonniers en 1681, où figure Henri Jacob, huissier en la prévôté des monnaies, sous le nom de « Quidam, » et Clément Charpentier, boucher des Invalides. La prison était « pour lors sous l'arquade qui va du château dans « l'allée des pins du parc, proche la grotte. »

Le lundi 13 août 1685, le procureur fiscal trouva chez les cabaretiers du pain qui n'était pas de poids, cuit chez Jacques Durube, boulanger; il ne pesait que 9 onces 1/2, et non 14 onces, pour la valeur de deux sols; les condamna à six livres d'amende, dont moitié aux pauvres, et moitié pour la réparation de l'auditoire. En même temps paraissait un règlement forçant les boulangers à faire du pain de Gonesse à deux sous et à ne pas en vendre pour deux « quarolus. »

La chose fut sans doute mal observée, car, le 28 novembre 1695, les ouvriers qui travaillaient au château, ainsi que les soldats suisses qui étaient en grand nombre sur les mêmes chantiers, se plaignirent que les cabaretiers et boulangers leur faisaient payer plus cher que la police ne le permettait; le procureur fiscal fixa le pain blanc de farine de froment pur à six liards la livre, le pain bis-blanc à cinq liards, le pain bis à quatre liards, le vin du cru de Meudon à trois sous six deniers la pinte, et les autres denrées à proportion, à peine de cinquante livres d'amende.

En avril 1773, le Roi établit une capitainerie des chasses à Meudon pour M. de Champcenetz, avec un lieutenant général de robe courte, un procureur, un huissier et neuf gardes[1].

---

1. Voir à ce sujet Poncet de la Grave, *les Environs de Paris*. Paris, 1789.

XII.

BELLEVUE.

Un caprice de favorite, une maison de plaisance plutôt qu'un château, un palais mignon, construit en deux ans et qui n'en dura pas
cinquante, un musée où tout ce que l'art français du xviiie siècle
avait de plus délicat se trouvait réuni, tel fut Bellevue, bâti par
la marquise de Pompadour. Elle ne se plaisait plus à la Celle et
voulait un domaine entièrement créé par elle; elle chercha à
réaliser son rêve en un lieu où elle avait passé une fois et où elle
avait été frappée de la beauté du point de vue et du charme des
coteaux, qui semblaient former une terrasse naturelle. Par contrat
passé devant Desplaces, notaire à Paris, le 17 mars 1748 [1], la marquise céda au Roi six maisons qu'elle possédait à Compiègne, et
reçut en échange des terrains à la Garenne de Sèvres et au bois
des Cottignies. C'était malheureusement un sol aride et monta-
gneux, ingrat et peu susceptible d'embellissements; malgré tout,
elle communiqua son dessein à deux architectes de réputation,
de l'Isle et L'Assurance. Elle se rendit un jour sur les lieux où
elle voulait faire bâtir; on lui prépara un trône rustique en gazon,
et elle exposa son projet sur la position des bâtiments et l'ordon-
nance des jardins; et, comme pour les remplir il fallait une plus
grande étendue de terrain qu'elle n'avait d'abord pensé, on lui
proposa d'acheter plusieurs centaines d'arpents de terre, qui lui
furent cédés avec empressement par les propriétaires, qui en
furent parfaitement payés. Le premier piquet pour le remuage
des terres fut planté le 30 juin 1748. Le plan de Bellevue plut
tant au Roi que ce prince voulut surveiller lui-même les travaux;
il se faisait même apporter à manger au milieu des travailleurs et
couchait dans une petite maison située au bas du parc, que l'on
nommait Brimborion [2].

---

1. Archives nationales, O¹ 2120.

2. Brimborion, qui en 1793 avait été loué à Isabelle Lesenskia, née à
Varsovie, 2,200 livres sans les meubles, fut acquis, avec le reste de Bellevue, par M. Guillaume le 20 juillet 1822. Il le revendit aux époux Lenon
le 14 mai 1834; ceux-ci, les 9 et 12 septembre 1848, à Tamburini, le
célèbre chanteur. Celui-ci l'a cédé, le 4 août 1865, au général tunisien
Nissim Samama. Enfin, le 8 juin 1887, le sieur Bocher s'est rendu adjudicataire de Brimborion, appartenant alors à la succession Samama, et l'a

Tout n'alla pas sans difficulté; l'argent manquait d'abord, puis il fallut faire des fondations à plus de cent pieds, et l'écroulement d'un des côtés de la nouvelle construction remit tout en question. On y occupa huit cents ouvriers, et enfin Bellevue fut inauguré le 25 novembre 1750. L'Assurance reçut à cette occasion le cordon de Saint-Michel, et les comptes se soldèrent par 2,256,927 livres, et non par sept ou huit millions, comme le prétendirent les contemporains. Le premier « Voyage » du Roi fut malencontreux; on s'y rendit en uniforme de velours pourpre, qui fit mauvais effet; les cheminées fumèrent si fort qu'on dut aller souper à Brimborion : c'est à cette occasion que les visiteurs purent admirer un parterre de fleurs parfumées, en porcelaine de Vincennes.

Plus tard, Louis XV allait à Bellevue chaque semaine; là, pas de service, pas de famille royale, pas d'étiquette, quelques invités et beaucoup de liberté. Pendant la journée, le Roi chassait dans les bois de Meudon; le soir, il jouait, soupait et allait à la comédie. C'est, en effet, sur le théâtre de Bellevue que l'on donna l'*Homme de fortune*, par La Chaussée, puis un ballet allégorique, l'*Amour architecte*; un autre jour, la *Mère Coquette*, de Quinault, puis les *Trois Cousines*, de Dancourt; enfin *Pourceaugnac*. Le 5 mai 1751, pour la visite du duc de Deux-Ponts, on représenta *Zelicka* et le *Préjugé à la mode*. En mars 1753, on joua *Zelidor, roi des Sylphes*, paroles de Moncriff, musique de Rebel et Francœur, et enfin le *Devin du Village*, de J.-J. Rousseau. Dans cette dernière pièce, la marquise tint le rôle de Colin.

Aux opéras succédèrent des concerts, des feux d'artifices.

Mme de Pompadour aimait beaucoup à s'occuper de mariages : elle en fit plusieurs à Bellevue. Le plus important pour elle manqua cependant; c'était celui de sa fille Alexandrine avec le fils que le Roi avait eu de Mme de Vintimille; ce dernier vint à Bellevue, goûta chez le Suisse et rencontra comme par hasard, à la figue-

---

revendu en plusieurs lots. La propriété contiguë, vers Sèvres, fut vendue en janvier 1765 par Claude Chevalier, médecin du Roi et des Cent-Suisses, à M. Pointel de la Briantais, qui la céda, le 2 octobre 1766, à M. Belle. En janvier 1796, elle était possédée par François-Thomas Guérin, artiste peintre, et Geneviève-Élisabeth Dubois, sa femme. Aujourd'hui, elle est habitée par les héritiers de M. Peligot, membre de l'Institut, parmi lesquels est son gendre, le général Derrécagaix, qui a bien voulu nous confier ses titres de propriété.

rie, Mlle Lenormand. Cette entrevue ne fut pas approuvée par Louis XV, le projet n'eut pas de suites, et Alexandrine mourut, on le sait, le 15 juin 1754, à onze ans et demi, au couvent de l'Assomption.

La marquise fut plus heureuse d'un autre côté : le 4 août 1750, François Bouret d'Érigny, fils d'Étienne Bouret et de Marie-Anne Chopin, épousa Madeleine Poisson de Malvoisin, fille de Claude Poisson de Malvoisin et d'Anne Grillot de Rougemont. — En 1751, M. de Romanet, neveu de Mme d'Estrades, épousait Mlle de Choiseul, nièce de celui qui fut plus tard ministre[1]. — Au mois de juillet 1754, une grande fête devait avoir lieu à Bellevue, à cause du mariage des deux demoiselles de Baschy, nièces de la marquise, et d'une demoiselle de Quitry, mais la mort d'Alexandrine empêcha le projet de se réaliser; les trois jeunes filles se marièrent à Versailles, et Mme de Pompadour ne leur donna qu'un simple dîner de noces.

L'année suivante, elle fit bénir dans sa chapelle, par le curé de Meudon, l'union de Jacques-Xavier-Régis de Cambis, marquis de Lucques, colonel d'un régiment d'infanterie française de son nom, fils de Louis-Pierre de Cambis et d'Élisabeth de Pierre-Davène, avec Louise-Françoise d'Alsace, fille de Gabriel-Alexandre d'Alsace, comte de Boisse, prince de Chimay, capitaine de la garde noble de la reine de Hongrie, et de Louise-Isabelle de Beauveau-Craon. — Enfin, le 27 juin 1756, François de Monteynard, fils de Joseph de Monteynard, premier baron chrétien du Dauphiné, et de feu Diane de Baschy, épousait Henriette-Lucie-Madeleine de Baschy, fille de François de Baschy, chevalier des ordres du Roi, et de Charlotte-Victoire Lenormand.

En 1757, Mme de Pompadour se lassa de Bellevue, et, par contrat du 27 juin, reçu par les notaires Bessonnet et Bricault, elle le vendit au Roi moyennant 325,000 livres.

Louis XV le fit modifier, et la fameuse salle de spectacle à la chinoise fut transportée à Paris, à l'hôtel des Menus-Plaisirs.

L'année suivante, la reine, qui en avait tant entendu parler, vint s'y promener.

Deux ailes furent ajoutées en 1767, et, un peu plus tard, il fut question de donner Bellevue à Mme du Barry[2]. Le Roi s'y trou-

---

1. État civil de Meudon.
2. Archives nationales, O¹ 1523.

vait en 1772 et y reçut le duc de Nivernais, qui lui soumit l'élection à l'Académie française de Suard et de Delille; Sa Majesté n'y donna pas son approbation.

Le 24 mars 1773, on plaça dans le château le Combat d'Hercule et le Festin des Dieux de Taraval, et le Jour et la Nuit de Fragonard [1].

Par acte passé devant M⁰ Monet, notaire à Paris, le 24 décembre 1775, Claude de Flahaut de la Billarderie, comte d'Angivilliers, ordonnateur général des bâtiments du Roi, déclarait que, par arrêt du conseil d'État du 30 août précédent, Sa Majesté l'avait commis pour traiter avec Mesdames de France, ses tantes, de la cession du château de Bellevue, et qu'en conséquence il vendait à Mesdames Marie-Adélaïde, Victoire-Louise-Thérèse, Sophie-Philipine-Élisabeth-Justine, filles de Louis XV, Bellevue et Brimborion, moyennant 754,337 livres 15 sols, savoir : la partie foncière, 682,820 livres, et le mobilier 71,517 livres 15 sols, suivant un procès-verbal d'estimation fait par Richard Mique, premier architecte du Roi, Barthélemy-Michel Hazon et Jacques-Germain Soufflot, intendants et contrôleurs généraux des bâtiments de Sa Majesté [2].

En achetant Bellevue, Mesdames donnèrent 50,000 livres de dédommagement à M. de Champcenetz, qui en était gouverneur, et 50,000 aux autres serviteurs, et y installèrent les leurs [3].

Un arrêt du conseil d'État, du 11 décembre 1779, déclara les îles de Billancourt réunies au domaine de Bellevue [4].

Nous avons relevé à la mairie de Meudon deux actes relatifs à l'entourage des princesses : l'un, daté du 9 août 1788, est le baptême de Charlotte-Victoire-Hyacinthe, fille de Charles Maréchaux, architecte, concierge et inspecteur de Bellevue, et de Madeleine-Thérèse Hoüet; le parrain fut le comte d'Artois, représenté par le duc de Maillé de la Tour-Landry; la marraine, Madame Victoire, représentée par la comtesse de Chastellux. — Le second, du mercredi 20 octobre 1790, est le baptême de Victoire-Georgine, fille d'Henri-Georges-César de Chastellux-Changy, maréchal des camps et armées du Roi, chevalier d'honneur de

---

1. Archives nationales, O¹ 1554.
2. Archives nationales, O¹ 1522.
3. Archives nationales, O¹ 1522.
4. Archives nationales, O¹ 1635.

Madame Victoire, et d'Angélique de Durfort; le parrain et la marraine étaient le frère et la sœur de l'enfant.

Madame Sophie mourut le 3 mars 1783; ses sœurs continuèrent à habiter le château, où elles tenaient une véritable cour. Elles augmentèrent le parc au moyen des communaux de Meudon, dont elles s'emparèrent, et y créèrent un jardin botanique.

Elles s'amusaient à faire construire des maisonnettes, qui existent encore, et qui ont conservé leurs noms de la Ferme, la Grange, la Sablonnière; la Tour de Marlborough, bâtie par elles, se voit aujourd'hui au milieu d'une propriété particulière. En ce temps-là la mode était aux bergeries; on suivait à Bellevue les usages de Trianon et l'on allait traire les vaches, boire le lait chaud et manger des œufs frais dans ces chaumières élégantes. Le parc subissait de continuelles transformations. Une réaction s'était faite contre la symétrie trop parfaite des jardins et le goût trop absolu pour les lignes droites, et l'on essayait des courbes capricieuses et des perspectives pittoresques. Le 18 mai 1785, Madame Élisabeth écrivait à son amie Mme de Bombelles : « Je « vais ce matin à Bellevue; j'ai besoin de voir un jardin anglais, « et j'y vais pour cela. »

Il existe deux catalogues des livres de « Mesdames; » l'un est à la bibliothèque de Dieppe, l'autre à celle de l'Arsenal[1]. En septembre 1790, Mesdames envoyèrent à la monnaie leur vaisselle, qui pesait 2,300 marcs[2].

Au commencement de 1791, les princesses obtinrent de Louis XVI la permission de quitter la France; les femmes de la Halle, informées de ce projet, se rendirent à Bellevue et les supplièrent de rester, mais elles partirent dans la nuit du 19 au 20 février, se servant de la voiture d'une personne qui leur était venue rendre visite, et trouvèrent sur la route de Fontainebleau les chaises de poste qui leur avaient été préparées; elles se retirèrent à Rome.

L'annonce du départ de Mesdames avait fort ému la population parisienne; des détachements des clubs se précipitèrent pour s'opposer au moins à l'enlèvement des bagages. Le général Berthier, d'accord avec la municipalité, les força à respecter le château,

---

1. Il porte la date de 1789 et la cote 6276.
2. Archives nationales, O¹ 3379.

mais ne put les empêcher de visiter les caves[1] ; quelques trico-
teuses même se vautrèrent dans les lits des princesses.

Le 5 mai 1794, par un décret de la Convention, Bellevue
devait devenir un établissement de peinture, une école de beaux-
arts ; on en fit une caserne. Tout fut alors pillé et ravagé ; de la
statue de Louis XV, élevée dans le jardin, on ne sauva que la
balustrade ; un chef de bataillon avait fait son cabinet du fameux
salon dont les dimensions (43 pieds sur 28) nécessitaient deux
cheminées, et qui avait des meubles en gourgouran bleu céleste
avec des agréments de soie blanche.

Les orangers furent transportés aux Tuileries.

Bellevue, qui tombait en ruines, fut enfin aliéné. M. Charles
Testut s'en rendit adjudicataire, suivant procès-verbal dressé par
les administrateurs du district de Versailles, le 26 prairial an V
(nous ignorons le prix), et démolit le château. M. Nicolas Barthélemy, créancier de Testut, le fit vendre, suivant jugement du
3 mars 1819. M. Charles-Honoré Dupuis, marchand bonnetier,
s'en rendit acquéreur et le paya 240,000 francs, et le revendit à
M. Achille Guillaume, suivant contrat passé devant Me Beaude-
non de Lamaze, notaire, le 20 juillet, moyennant 315,000 francs.

En 1823, M. Guillaume divisa le parc en un grand nombre
de lots qu'il revendit à divers, créant les rues et les avenues qui
existent aujourd'hui.

Le 19 août 1824, il céda aux époux Conti tout ce qui restait
des constructions anciennes, savoir, dit l'acte notarié : « un bâti-
« ment formant autrefois l'extrémité de l'une des ailes du châ-
« teau ; » l'acte fut passé, le 27 juillet 1857, dans les mains de
M. Perrot de Chezelles.

Dulaure et Piganiol de la Force nous ont décrit les merveilles
de Bellevue, dont il ne reste plus, outre la maison de M. Perrot
de Chezelles, que la terrasse, trois des pavillons d'entrée et la
maison de M. Ragon, qui est derrière l'hôtel de la Tête-Noire.

---

1. Il existe aux Archives départementales de Seine-et-Oise une affiche,
du 3 février 1793, mettant en vente, en pièces : des vins de basse Bourgogne, blancs d'Orléans, de Xérès, de Chypre, de Malaga ; en bouteilles :
de Mercurey, Clos-Vougeot, Morachet, Barsac, Ay, Hermitage, Chypre,
Constance, Pacharet, Alicante, Rancio, Tockay, Malvoisie, Frontignan et
Lunel ; des liqueurs : huile d'absinthe, bois d'Inde, crème de créole,
baume humain, marasquin, huile de kirchwasser, etc., étant dans les
caves de Bellevue. Tout n'avait donc pas été bu en 1791.

Les glacières, fort curieuses, sont visibles dans une rue nouvellement percée[1]. Sur l'ancien parc est aujourd'hui un funiculaire.

La Bibliothèque nationale possède, dans la section des cartes, un guéridon en bois doré dont le dessus figure, sous un verre bombé, un délicieux plan en relief de Bellevue, au temps de Mesdames. On rencontre partout des gravures du parc, du château et des tableaux de Bellevue. Voir aussi une vue d'Hubert Robert, de 1803, représentant la démolition, et l'album du nouveau Bellevue (Paris, Osterwald, 1826).

Il y a encore à Bellevue une verrerie, dont nous résumerons l'histoire en peu de mots.

Par lettres patentes du 16 avril et du 22 août 1725, un privilège fut donné à Robert Dromgold et à Charles Dupin de Montmea, pour l'établissement d'une verrerie et manufacture de cristaux, de toute sorte d'émaux et de la matière servant à imiter les perles fines, et aussi pour les verres à vitre, excepté les glaces. Bientôt Dromgold céda ses droits à Étienne Moreau de Saint-Cirque, qui, le premier, employa le charbon de terre au lieu de charbon de bois. La verrerie fut établie sur des terrains à Sèvres, donnés par le duc d'Orléans à la comtesse d'Argentan, au coin de la route de Paris à Versailles et du chemin qui conduit à Meudon, proche l'ancienne manufacture de porcelaine; il y avait un concierge à la livrée de Louis XV à la porte, sur laquelle était écrit : « Verrerie royale. » Le 1er novembre, on avait accordé la continuation du privilège, à partir de 1756, à Pierre-Jean Bretonnier, écuyer, conseiller du Roi, prévôt des bandes du régiment des gardes françaises, logé à Paris, rue du Battoir, paroisse Saint-Cosme, qui reconnut n'être que le prête-nom de Mme de Pompadour.

Le 2 octobre 1755, par acte passé devant Desplaces, notaire à Paris, Marie Boudet, veuve du sieur de Saint-Cirque, vendit, moyennant 60,500 livres, une maison sise à Sèvres au Roi, qui y joignit divers terrains de son domaine de Meudon, et, le 21 octobre suivant, réunit cette verrerie à la Manufacture royale de porcelaine, qui venait d'y être transférée de Vincennes. La verrerie fut alors établie au Bas-Meudon, au lieu dit « les Rivières, » assez loin de

---

1. Le 23 décembre 1793, le citoyen Montz, au nom des propriétaires de la verrerie de bouteilles, demandait à être réintégré dans la possession de deux glacières usurpées sur ses terrains par « Louis le dernier. »

Bellevue pour que le château ne fût pas incommodé par la fumée.

Après la mort de Mme de Pompadour, en avril 1764, la verrerie échut à son frère, Abel-François Poisson, marquis de Marigny, lequel vendit son privilège en 1777 à Thomas Sulton, au comte de Thénard et à Isaac Panchard, banquiers à Paris. Le 18 novembre 1778, Sulton vendit sa part (moitié) à Baudon d'Hannecourt. Le 6 mai 1786, Panchard racheta cette part de ce dernier. A son décès, Panchard laissa pour héritiers sa femme, commune en biens, et trois enfants, qui furent les prédécesseurs des Cazadavan. En 1800, la verrerie passa aux mains suivantes : M. Cazadavan, pour moitié; M. Duboys d'Angers, député, conseiller à la Cour royale de Paris, pour un quart; M. Marthe-Camille Rochasson, comte de Montalivet, ministre de l'intérieur, pair de France, pour un huitième; et enfin M. Paillard-Ducléré pour un huitième. En 1835, M. Cazadavan devint seul propriétaire. Les fils Cazadavan succédèrent à leur père en 1840, et à la fabrication de bouteilles fut ajouté un four à cristal. En 1854, la direction passa aux mains de M. de Sussex, qui adjoignit à la fabrication des bouteilles le verre à vitres et la gobletterie, sans beaucoup de succès. Il avait mis son établissement en société, et sa tentative ne manquait pas d'importance; on y soufflait de superbes cylindres, transformés ensuite en de belles feuilles de verre, que l'on étendait dans des fours à feu continu. Mais, aux portes de Paris, la main-d'œuvre et les matières premières coûtaient trop pour qu'il fût facile de prospérer. Sussex se fit prêtre après son veuvage, fut bien en cour de Rome, et devint même évêque. Il réussit mieux à placer ses enfants qu'à fabriquer du verre. De 1858 à 1869, quelques tentatives furent faites pour relever la verrerie; elles furent infructueuses jusqu'en 1870, où eut lieu la fondation de la cristallerie actuelle, sur l'emplacement de l'ancienne verrerie royale, par M. Alfred Landier, dont la famille appartient sans interruption à cette noble industrie depuis plus d'un siècle et demi, et qui s'associa pour les affaires à M. Houdaille. Enfin, en 1884, eut lieu sa réunion avec la cristallerie de Clichy. Ses beaux produits éclipsent tout ce que l'ancienne verrerie a pu créer.

XIII.

CHAVILLE

JUSQU'A SA RÉUNION AU DOMAINE ROYAL [1].

Chaville, dans la Notice de Valois, est nommé *Caput Villæ;* le pouillé du XIIIᵉ siècle le nomme *Cativilla.*

On croit apercevoir en 1129 un seigneur de Chaville, nommé Radulfus de Cativilla, lequel avait un fief à Clamart.

On en voit un autre en 1218, nommé Nicolas Champville, « lequel estoit bailly du Roy. »

Constantia de Chaville vend à l'Hôtel-Dieu de Paris, par acte du mois de janvier 1250, un arpent de pré au lieu dit Morval.

Une autre vente d'héritage à Chaville, de l'an 1289, porte que la chose vendue est dans la censive de Jean Lécuyer.

En 1269, Roger de Ville-d'Avray était seigneur en partie de Chaville.

Un titre en latin, du 3 septembre 1308, porte que Chaville « relevoit immédiatement de Dieu et du Roy. »

Roger de Chaville, écuyer, vendit en 1332 à Louis de Chaillant et à dame Jeanne, sa femme, un four et ses appartenances sis à Chaville, un moulin, des étangs, « ce moyennant 100 livres « parisis, à la charge de les tenir en foy et hommage de lui « Roger. »

Le chevalier de Chaville, dit sieur de Hasse, qui, en 1370, ramena le pape Clément V de Rome à Avignon, paraît être le dernier des seigneurs du nom.

La seigneurie ayant passé à Jean Viel, il y réunit ce qui avait été aliéné à Louis de Chaillant; Pétronille la Mascotte, sa veuve, Jehannin Viel, son fils, Adam Joriac et Pérette, sa femme, vendirent le tout à Jehan Lasnes, valet de chambre du roi Charles VI, en 1398 et 1399. Par le premier de ces actes, on quitte et décharge Jean Lasne du droit de relief, à cause de 7 livres parisis de menu cens qu'il avait acquis, par contrat du 16 décembre 1396, de Pierre Posteau, demeurant à Chaville. Il y avait donc là un fief

---

1. Cette notice sur Chaville est empruntée au registre O¹ 3825 des Archives nationales.

qui relevait de la seigneurie et ce fief était le même que possédait en 1289 Jean Lécuyer.

Chaville était devenu désert et abandonné, de très peuplé qu'il avait été. Des lettres patentes du roi Charles VII, du 14 juillet 1401, données pour le ressort de la justice dont on parlera ci-après, disent : « La ville de Chaville, qui est au grand « chemin pour venir de Normandie et de Bretagne à Paris, pas- « sant par Châteaufort, a esté anciennement bonne ville, bien « habitée, et peuplée de 80 à 100 feux, où les repassants trouvoient « moult bien leurs vivres et nécessitez et estoyent bien logiez. « Néantmoins, pour le présent, il n'y est demouré que sept feux ou « environ, et s'en sont allez et enfuis hors d'icelle ville tous les « autres habitants, tant pour les faits des guerres et mortalités au « pays, comme pour plusieurs vexations des prévosts fermiers de « Châteaufort. »

Jean Lasne, par son testament du 29 juillet 1418, fit donation de sa seigneurie à l'Hôtel-Dieu de Paris, appelé la Grande Maison, à la charge de faire dire et célébrer chaque année, à perpétuité et sans discontinuation, cent messes, savoir : « aux cinq « festes solemnelles, aux cinq festes de Notre-Dame, aux douze « festes des prestres et à chacun des dimanches de l'an, une messe « de jour, et le surplus des cent messes à tel jour qu'il plairoit « aux religieux, frères et sœurs de l'Hôtel-Dieu. » Ce testament fut confirmé par un codicille du 30 juillet 1418, et la délivrance du legs faite par acte du 27 janvier suivant.

On voit par cette disposition qu'il y avait une église à Chaville, et il y a apparence qu'il y avait plus d'un prêtre ; cependant, le pouillé de 1626 observe qu'au XIIIe siècle cette cure était annexée à celle de Montreuil, et que cette union avait déjà eu lieu dans les anciens temps. Le curé de Montreuil la fit de nouveau annexer à la sienne, le 9 août 1475, en représentant que cette cure de Chaville était fort modique et même que ce n'était qu'une chapelle jusqu'au temps de Roger de Chaville, qui profita du bon état où se trouvoit le « Val de Galye » pour y établir une cure.

Louis de Beaumont, archevêque de Paris, étant depuis informé qu'il y avait à Chaville un revenu suffisant pour un curé, cassa cette union ; aussi, dans le pouillé du XVIe siècle, Chaville est-il marqué cure, absolument ; elle est à la collation de l'évêque. Vers 1670, la chapelle de Saint-Vincent-les-Villepreux fut unie à la cure de Chaville avec ses revenus.

L'Hôtel-Dieu avait déjà un fief et ferme à Chaville, ayant droit
de moyenne et basse justice, qu'il acquit de Robert de Villepreux
par contrat du mois de mars 1274. Il y avait même avant cette
époque quelques autres possessions, notamment par la vente qui
lui avait été faite par Constance de Chaville en 1252. Devenu
propriétaire de toute la terre et seigneurie, l'Hôtel-Dieu conserva
son ancien fief et ferme, avec les terres et domaines qu'il y avait
réunis, et vendit la seigneurie, haute, moyenne et basse justice
et tous les droits honorifiques à un nommé Guillaume Nicolas,
qui prêtait son nom à Me Jean Bureau, chevalier, seigneur de
Montglat, chambellan du Roi et trésorier de France, qui en porta
la foi et hommage, l'an 1427, à noble Robert Bruzeau, lequel,
comme seigneur suzerain, prend la qualité de seigneur de Ville-
d'Avray et Chaville. Jean Bureau était fils de Simon, bourgeois
de Paris, examinateur au Châtelet, qui avait une maison et des
terres à Chaville. Il prenait la qualité de receveur ordinaire de
Paris, lorsque le roi Charles VII le commit gouverneur de l'artillerie de France en 1439.

Le fief que l'Hôtel-Dieu s'était réservé, qui était la partie la
plus utile, consistait en une maison et bâtiment de ferme, situés
au-dessus de la demi-lune au-devant du château, à côté de laquelle
il y avait une chapelle appelée la chapelle Saint-Jean-Baptiste,
sur le bord du grand chemin qui y passait alors, leurs terres et
bois en domaine, des censives sur quelques maisons et sur plusieurs cantons du terroir; le tout était affermé avec la restriction
d'une chambre pour héberger trois personnes de l'Hôtel-Dieu et
leur fournir pain, vin, feu et luminaire, étable, foin et avoine,
lorsqu'ils iraient à Chaville.

En 1554, ce fief produisait de revenu huit muids de grains,
deux pourceaux gras, de valeur chacun de 100 sols, douze chapons et 8 livres en argent, et, en 1645, 1,030 livres de ferme et
200 bottes de foin.

Après le décès de Jean Bureau, Jean Bureau, son fils, archevêque de Béziers, fut reçu à la foi et hommage, et ensuite Magdelaine Burelle, qui avait épousé Nicolas Balue, seigneur de Villepreux, frère du cardinal de ce nom, et demoiselle Philippe
Burelle, filles dudit Jean Bureau premier nommé, rendirent aussi
foi et hommage au seigneur de Ville-d'Avray le 21 décembre 1463,
et cédèrent ladite seigneurie à noble homme Pierre Aymery, avo-

cat au Parlement, en échange d'une terre au bois d'Arcy, le 4 mai 1493.

Pierre Aymery augmenta son domaine d'environ quatre arpents; il eut une contestation avec les administrateurs de l'Hôtel-Dieu sur le droit de justice, qui fut terminée par une sentence des requêtes du palais le 20 décembre 1501. Il mourut peu après, en 1520.

Adam Aymery, son fils, seigneur châtelain de Ferrière en Brie, en porta la foi et hommage aux religieux Célestins de Paris, seigneurs de Ville-d'Avray [1], par acte du 9 mai 1528. On voit par cet acte, contenant dénombrement, qu'il dépendait de la seigneurie de Chaville trois arrière-fiefs : le premier assis à Villeras, au bois Girard, consistant en un hôtel, cour et jardin et quarante arpents de terres et deux droictures (la droicture valait un setier d'avoine, un minot de blé et deux chapons). Le second arrière-fief contenait seize arpents, plusieurs pièces de terre et une masure au lieu de Villeras, et le troisième sept arpents de terre, 4 livres 12 sous de menu cens et trois quartiers de pré.

Après le décès d'Aymery, la seigneurie passa à Michelle Aymery, sa fille, qui avait épousé Charles de la Porte, avocat à la Cour, et à ses autres enfants encore mineurs, sous la tutelle de Jean Aymery, lieutenant général du bailli du palais.

Charles de la Porte et sa femme furent seigneurs en partie l'espace d'environ quatorze ans. On ne voit que l'acquisition d'une maison et d'un jardin, et une sentence du Châtelet du 11 septembre 1549, qui condamne Jean-Philippe Personnier et Demone Abraham, sa femme, pour avoir appelé la dame de Chaville méchante p..... et ribaude, en 20 livres d'amende.

---

1. Ils furent pendant plus d'un siècle ayant l'utile de la seigneurie sans en avoir la propriété; leur droit venait d'une donation qui leur avait été faite en 1395 par le duc d'Orléans, frère de Charles VI, de 100 livres parisis de rente assignées sur Porchefontaine, Montreuil, Satory, Sèvres, etc., dont jouissait Pierre de Craon, sur qui elles avaient été confisquées pour forfaiture, et 200 livres parisis de revenus qui leur furent données par Charles VI, par une charte de la même année, pour satisfaire aux promesses du feu roi Charles V, à cause de la dévotion singulière qu'il avait pour les monastère et couvent de 'la Sainte-Vierge des Célestins de Paris, qu'il avait fait construire et où étaient ensevelies les entrailles de Jeanne de Bourbon, sa mère, lesdites 200 livres assignées sur les mêmes terres à charge de prières.

Paraît ensuite Jean Aymery, avocat général au grand conseil, seigneur de Viroflay et de Chaville. Il fut en jouissance environ six ans. Anne de la Planche, dame de Guillon, sa veuve, et Pierre Aymery, son fils, la cédèrent à Anne Dupré, dame de Bourgoin en Dauphiné, en échange de 500 livres de rentes, par acte du 4 décembre 1561. Cette Anne Dupré, qui était jouissante de ses droits, reparaît en 1554, veuve de Étienne Chaillant, seigneur de Varey.

La seigneurie de Chaville passa ensuite à M. Pierre Picot, conseiller au Parlement, qui n'en jouit pas longtemps; il la céda, par échange du 12 juin 1577, à Simon de Vigny et à Jeanne de Creil, sa femme, dame de Vauboyen, qui en firent la foi et hommage la même année aux Célestins de Paris, seigneurs de Ville-d'Avray.

Il y avait alors plusieurs maisons bourgeoises à Chaville, entre autres celle de Doizu, qui appartenait à Claude Le Clerc, auditeur des comptes; par un acte du 25 octobre 1580, il s'obligea, sous le bon plaisir des seigneurs, curé, marguilliers et habitants, de faire construire à ses frais une chapelle dans l'église pour lui et sa famille privativement, et, par un acte du 21 octobre 1588, Simon de Vigny lui permit de faire bâtir un moulin là où était anciennement le moulin de Doizu, et où les sujets de Chaville pourraient faire moudre.

Michel Letellier, correcteur des comptes, y avait aussi des possessions; il avait épousé, en 1574, Perrette Locquet, veuve de Pierre Plastrier, marchand drapier, qui lui avait apporté en dot une maison bourgeoise, où il y avait un pressoir et quelques pièces de terre qu'elle avait acquises avec son premier mari, et de ses propres une autre maison et plusieurs héritages, entre autres une grande pièce de terre au lieu dit les Locquettes. Le 3 mai 1579, ils acquirent une maison, cour et jardin à Chaville, de Françoise Aymery, veuve de Claude Aymery, laquelle maison avait appartenu à François Hallenant.

Simon de Vigny et lui eurent plusieurs différends. Le premier, attaché à son titre de seigneur, voulait en exiger tous les droits et même les étendre; l'autre cherchait à les éluder et à les diminuer, voulant plutôt être de la censive de l'Hôtel-Dieu que de la sienne. Dans une contestation qu'ils eurent à ce sujet au Châtelet et qui fut plus loin que la chose ne le méritait, de Vigny se plaint qu'il ne le traitait pas de seigneur en partie, que, quoiqu'il fût son seigneur, écuyer, et employé au fait des armes, Letellier, par mépris, ne l'appelait que « maître. » Aussi fut-il ordonné, par une sentence du 23 juin 1579, que le mot de « maître » serait rayé de ses écritures. Michel Letellier aurait bien voulu être aux droits de l'Hôtel-Dieu, qui, véritablement, avait la meilleure partie; on trouve un mémoire en forme de requête qu'il présenta à ce sujet aux administrateurs.

La condition des sieurs de Vigny et Letellier était au surplus bien différente : le premier, plus présomptueux, avec peu de bien, voulait être honorable et se jetait dans l'indigence, quoiqu'il eût un frère, François de Vigny, receveur de Paris, qui venait à son secours; l'autre, qui avait aussi de l'ambition, plus intelligent et plus actif, augmentait sa fortune. Par un écrit signé d'eux le 28 avril 1581, ils promirent de s'en rapporter à un tiers, en faveur de l'amitié jurée entre eux, « sur les différends qui intervien-« droient cy-après, à peine de 500 escus, ne se fascher, nuire ni « molester l'un l'autre. »

Cette union ne dura pas longtemps : de Vigny, comme seigneur haut justicier, et Moricet, son voyer, ayant donné, en 1582, permission à Letellier de prendre quatre ou cinq pieds hors œuvres sur la rue et chemin de Chaville à Ursine pour augmenter sa maison, à l'occasion de cette permission et d'une anticipation qu'il fit pour bâtir une tourelle, il s'éleva une contestation, sur laquelle cependant ils transigèrent le 10 août 1585.

Simon de Vigny mourut en 1591, laissant le château, où il y avait encore des eaux vives, fossés et pont-levis, tout à fait en ruine, et la plupart des bâtiments inhabitables. Jeanne de Creil, sa veuve, se remaria avec Jacques Bigot, écuyer, sieur de la Verdure, qui fut tuteur de Jeanne de Vigny, seule enfant dudit de Vigny, et qui, dans la suite, fut mariée au sieur Le Clerc.

Jeanne de Creil, qui avait un douaire de cent écus de rente sur la terre de Chaville, fit un transport de cet usufruit et des arrérages échus à Jérôme Alen, commissaire des guerres, qui prêta son nom à Michel Letellier, le 14 février 1596, et, la seigneurie ayant été mise en décret, non par Michel Letellier en vertu de cette créance, comme Jeanne de Vigny le prétendit depuis, mais à la requête d'un sieur Tessier, faute de payement de quelques arrérages de 100 livres de rente, qui n'avaient rien de commun, elle fut adjugée à Michel Letellier par sentence du Châtelet du 18 décembre 1596, moyennant 1,600 écus. Il est vrai qu'il y avait une créance privilégiée qui égalait presque le prix de cette adjudication, qui fut suivie de grandes contestations de la part de Jeanne de Vigny, tant contre Letellier que contre ses héritiers, contestations qui ne furent terminées que par un arrêt du 9 juin 1622, qui donna acte à la dame de Vigny de son désistement.

Letellier, qui, avant cette acquisition, possédait déjà deux maisons et environ trente arpents de terre, fit décorer la maison qu'il habitait pour être la maison seigneuriale; elle était située au même endroit où le château fut depuis construit; on trouve un marché qu'il fit avec un fondeur en terre, qui s'obligeait de lui livrer une statue de Neptune avec son trident, et trois chevaux marins. Après avoir fait démolir le « vieil Chastel, » il en donna le sol et les dépendances à cens et à rente et fit publier au prône par trois fois que chacun eût à rebâtir les masures et mettre en valeur les friches, à peine de les voir réunir à son domaine, et fit rendre des sentences en la justice de Chaville, Marc Reperaud, procureur au Châtelet, en étant prévôt, en 1600 et 1603, qui permirent cette réunion après un mois de délai.

Michel Letellier mourut le 16 janvier 1608, âgé de soixantetrois ans, et fut inhumé à Saint-Eustache, où l'avait été Perrette Locquet, sa femme, qui était décédée le 5 avril 1593. Il était fils de Pierre Letellier, marchand; il avait été d'abord commissaire examinateur au Châtelet, puis correcteur des comptes (21 décembre 1573), puis maître des comptes par lettres du duc de Mayenne (24 juillet 1589), que lui confirma Henri IV en 1593. — Le 21 août 1597, il fut déchargé du ban et de l'arrière-ban comme maître des comptes; il prend dans sa requête la qualité de seigneur de Chaville, et dans le même temps il obtint des lettres patentes pour y établir les limites. Il laissa pour héritiers :

Michel Letellier, IIe du nom, seigneur de Chaville.

Charles Letellier, sieur de Morsan.

François Letellier, l'un des chevau-légers de M. le Dauphin. Il avait encore un fils naturel nommé Robert Letellier, qu'il avait eu de Roberte Munier, et qui fut légitimé en septembre 1607.

Michel Letellier, conseiller à la Cour des aides de Paris, le

---

1. Nous avons vu ce personnage à Meudon.

9 août 1597, avait été marié le 4 juillet 1599 avec Claude Chauvelin, fille de François Chauvelin, procureur général de la reine Marie de Médicis, et de Marie Charmolue. Il porta la foi et hommage aux Célestins de Paris, seigneurs de Ville-d'Avray, le 20 février 1609, tant pour lui que pour ses frères. Ils conservèrent tous le titre de seigneur. Il y eut cependant un partage du domaine, suivant lequel Michel eut la maison seigneuriale, Charles la maison de Doisu et François une autre maison particulière.

François mourut sans avoir été marié, et sa succession fit accroissement aux deux autres.

Michel mourut le 6 mai 1617 ; il fut inhumé à Saint-Eustache, laissant pour héritiers :

Michel Letellier, IIIe du nom ;

Claude Letellier, qui épousa J.-B. Colbert, seigneur de Saint-Pouange, maître des comptes, puis conseiller d'État, intendant de justice en Lorraine;

Louise Letellier, prieure de la Ville-l'Évêque, morte en juillet 1664;

Magdelaine Letellier, mariée à Gabriel de Cassagnet, seigneur de Tilladet, lieutenant général des armées et gouverneur de Bapaume[1].

Michel Letellier, étant conseiller au Grand Conseil, rendit la foi et hommage tant en son nom que comme tuteur de Magdelaine Letellier, sa sœur, avec Claude Letellier, émancipée par justice sous l'autorité de Louis Turpin, procureur au Châtelet, son curateur, des deux quarts et demi total de la terre, justice et seigneurie de Chaville aux religieux Célestins, par acte du 31 décembre 1627. Il épousa, le 12 février 1629, Élisabeth Turpin, fille de Jean Turpin, seigneur de Vauvredon en Berry, et de Marie Chapelier[1], et acquit de Claude Letellier, sa sœur, qui avait épousé le sieur de Saint-Pouange, tous ses droits en ladite seigneurie, par acte du 1er décembre 1630, moyennant 512 livres 10 sols de rente.

Michel Letellier eut quelques contestations portées au Châtelet avec Charles Letellier, son oncle, conseiller au Grand Conseil, et René Letellier, conseiller en la Cour des aides, qu'il ter-

---

1. Elle était sœur de Marie Chapelier, femme d'Étienne d'Aligre, chancelier de France, et filles toutes deux de Jean-Jacques Chapelier, conseiller d'État, et de Magdelaine Boullanger.

mina par des transactions du 4 mars 1629 et 29 décembre 1644.
Il fit pendant plusieurs années de petites acquisitions, donna
beaucoup de terres à cens et rentes, acheta la portion dans la seigneurie de Mme du Tilladet, sa sœur, le 20 mars 1645, moyennant 2,220 livres, fit l'acquisition, le 2 juillet 1649, de tout ce
qui appartenait à l'Hôtel-Dieu en échange d'une ferme à Mitry,
moyennant 18,000 livres de retour, et enfin acheva de réunir
toute la seigneurie par la vente qui lui fut faite par Jacques
Letellier, maître des comptes, héritier de Charles Letellier, son
père, de sa portion et de toutes les terres qu'il avait en domaine,
le 20 mars 1651, moyennant 23,800 livres, avec réserve de la
maison de Doizu et l'enclos fermé de murs que M. Letellier
érigea en fief pour être mouvant et relevant de la seigneurie de
Chaville. Cette inféodation fut approuvée par les Célestins de
Paris, seigneurs de Ville-d'Avray, le 29 du même mois.

Michel Letellier, ayant ainsi réuni toute la seigneurie, obtint
des lettres patentes du Roi en décembre 1652, lui accordant, pour
le chauffage de sa maison de Chaville et à ses successeurs en ladite
maison, le droit de prendre 70 cordes de bois par an dans la forêt
de Montfort-l'Amaury; ces lettres furent enregistrées au Parlement,
aux Eaux et forêts en la capitainerie « gruerie » de Montfort.

La justice de Chaville était anciennement dans le ressort de la
prévôté de Châteaufort; les lettres patentes de Charles VII, du
14 juillet 1401, dont on a parlé ci-dessus, obtenues par Jean
Lasne et par l'Hôtel-Dieu, s'expliquent ainsi : « Octroyans que
« eux [Jean Lasne et l'Hôtel-Dieu], à cause de leur terre de Cha-
« ville, leurs hommes hostes et sujets, ils ne soient dorénavant
« tenus de ressortir par devant le prévôt de Châteaufort, qui est à
« présent, ne ceux qui dorénavant seront, mais les avons exemp-
« tez et exemptons dans la juridiction de ladite prévôté de Châ-
« teaufort et voulons que dorénavant ils ressortissent sans aucun
« moyen en notre Châtelet de Paris. »

Nonobstant ces lettres, il s'éleva une contestation un siècle
après qui fut portée au Châtelet de la part du procureur du Roi
à Châteaufort, qui prétendait que Chaville était du ressort de
Châteaufort et requérait que défenses fussent faites au soi-disant
maire de Chaville, pour les frères et sœurs de l'Hôtel-Dieu, d'y
exercer la justice[1]. Mais, par sentence sur appointement du 7 jan-

---

1. On n'aperçoit pas quels pouvaient être les motifs du procureur du

vier 1501, les officiers de la justice de Chaville furent maintenus dans l'exercice d'icelle, les saisie et main mise de la terre, à la requête de M. Denevers, seigneur de Châteaufort, pour reliefs, droits et devoirs qu'il prétendait lui être dus par l'Hôtel-Dieu, déclarées nulles.

Les choses n'en restèrent pas là, car les officiers de Châteaufort, ayant encore exercé contrainte contre un habitant de Chaville, la contestation fut portée au Parlement. Il intervint arrêt sur les conclusions du procureur général, le 7 avril 1576, qui défend aux officiers de Châteaufort de faire aucun acte de justice à Chaville.

Depuis ce temps, et déjà longtemps auparavant, il y eut toujours des officiers de justice, un prévôt et même un lieutenant. Par une sentence du 3 septembre 1585, qui attribue des droits aux messiers, Nicolas Josset prend la qualité de lieutenant général de la prévôté de Chaville.

Cependant, on voit une concession du 29 juillet 1651 accordée gratuitement à M. Letellier, « estant secrétaire d'Estat, » par M. Charles d'Escoubleau, marquis de Sourdis, prince de Chabanais, gouverneur d'Orléans, de la haute justice en toute l'étendue du fief de l'Hôtel-Dieu, à la charge de relever à foi et hommage dudit Châteaufort, et des lettres patentes du 14 du même mois qui confirment et même accordent à Michel Letellier la haute, moyenne et basse justice en la seigneurie de Chaville, relevant du Châtelet. Mais, dans la suite, Michel Letellier, mieux informé, obtint des lettres patentes du Roi du mois de juin 1662, portant rétablissement de la mouvance du fief de l'Hôtel-Dieu, relevant du Roi, à cause de la grosse tour du Louvre, et fut reçu à foi et hommage le 20 décembre suivant.

Ce fut immédiatement après avoir réuni toute la seigneurie que M. Letellier, ou plutôt Élisabeth Turpin, sa femme, fondée de sa procuration pour régir toutes ses affaires domestiques, commença à faire des embellissements à Chaville, qui devint un lieu de plaisance.

Premièrement, il obtint des lettres patentes, le 30 avril 1657, pour changer le chemin, et un brevet du 2 janvier 1661 pour faire clore de murailles d'abord jusqu'à la quantité de 600 arpents, ensuite une augmentation de 200 arpents qui composaient le fond

---

Roi, puisqu'il est parlé du droit de haute, moyenne et basse justice de Chaville plus de deux cents ans auparavant.

de Morval et le parc aux Vaches. Ce chemin prenait auparavant du côté de Paris, depuis vers la porte Dauphine, le long des murs du parc de Meudon, passant au-dessus du fond de Morval, allant au lieu appelé le Grand Rond, descendait le chemin de Chaville jusqu'à l'endroit appelé la Calotte de M. de Louvois, passait au-dessous de ladite Calotte et en droite ligne dans la grande rue de Chaville, entre l'église et la maison seigneuriale.

Michel Letellier, ayant formé son parc des 600 arpents, fit ensuite clore 200 arpents d'augmentation qu'on appelle Petit Parc, mais ces clôtures privaient totalement les habitants de leurs eaux. Madame la Chancelière les leur rendit au dehors, sur un terrain d'environ trois arpents situé entre les murs de son parc et le nouveau grand chemin, sur le bord de l'avenue, où elle fit construire un beau lavoir et un abreuvoir, qui étaient fournis par la décharge des superficies.

M. Letellier fit construire le château par Chamois, au même endroit où était la maison seigneuriale de son aïeul; au-devant de la porte d'entrée était une demi-lune; on parvenait de la première cour, parfaitement carrée, sur la droite aux écuries, sur la gauche à un canal, qui tenait d'un bout à la ménagerie et basse-cour, et de l'autre à l'orangerie. La seconde cour était aussi un carré parfait, un pavillon à chaque angle, en avant le château entouré de fossés; on y remarquait un vestibule, l'escalier hardi qui passait pour un beau morceau; les eaux vives des parterres et des bosquets (dont l'un était nommé Ile d'amour) avaient été rassemblées avec beaucoup de soins et de dépenses de différentes sources, entre autres de la fontaine Saint-Denys et de la source des « Oudiat, » du côté d'Ursine; on y voit, par un dénombrement ou mémoire dressé en 1661 des héritages dont ledit parc et bâtiments étaient composés, qu'il y était entré quinze maisons de particuliers.

Santeuil fit en vers latins l'éloge du chancelier Letellier, dont il parut la traduction libre en vers français, intitulée la *Nymphe de Chaville,* dans le *Mercure* d'août 1679, page 150.

M. Letellier acheva d'acquérir toutes les terres qu'il avait enfermées et en donna d'autres à cens et rente; par un acte du 14 septembre 1670, il établit à perpétuité en l'église de Chaville un vicaire pour célébrer la messe tous les jours à son intention et à celle de Mme Letellier dans l'église, excepté qu'il la célébrera dans la chapelle du château lorsque les seigneurs, y étant, le désireront, instruire les enfants mâles de Chaville et Viroflay, faire le catéchisme les festes et dimanches et aider le curé dans ses fonctions, lequel vicaire sera logé, et lui sera payé 430 livres par an par avance, avec la condition que, si les choses augmentent par la cherté ou autrement, lesdites 430 livres seront augmentées à proportion. Il fonda aussi la place de deux filles, de celles instituées par la maison de Saint-Lazare à Paris, pour l'assistance des pauvres malades de Chaville et Viroflay, leur apprendre à lire, à travailler et à coudre, et donna au curé 200 livres de rente pour indemnité de dîme, et 100 livres à la fabrique pour l'entretien des ornements.

Michel Letellier mourut à Paris le 30 octobre 1685, âgé de quatre-vingt-cinq ans, ayant comblé sa famille d'honneurs et de biens; il fut enterré en sa chapelle, à Saint-Gervais, dans un superbe tombeau. Il était né à Paris le 19 avril 1603, fut conseiller au Grand Conseil en 1624, procureur du Roi au Châtelet de Paris le 23 novembre 1631, maître des requêtes en 1658, intendant de justice en Piémont dans l'armée d'Italie en 1640, secrétaire d'État ayant le département de la guerre en 1643, grand trésorier des ordres du Roi en 1652, ayant exercé la charge de secrétaire d'État l'espace de trente-cinq ans avec une probité exemplaire et une grande capacité; le Roi le pourvut de celle de chancelier et garde des sceaux de France après la mort du chancelier d'Aligre. Il en prêta le serment le 29 octobre 1677.

Mme la Chancelière resta en jouissance de ladite terre, et, s'occupant de choses pieuses, fit donation, par acte du 5 août 1686, à la cure de Chaville de 200 livres de rente, à la charge d'un salut les premiers dimanches de chaque mois, et une autre donation, aussi de 200 livres de rente, au curé de Viroflay, à pareille condition, et en outre de tenir chez lui en son presbytère des petites écoles pour instruire les jeunes garçons du lieu, tous les jours ouvrables, durant deux heures le matin et autant l'après-midi, leur apprendre à lire et à écrire, surtout le catéchisme, et, en cas de maladie ou empêchement, il pourrait mettre quelque personne en sa place, sans que qui que ce soit puisse recevoir aucun argent des pères et mères ou parents des enfants qui iraient auxdites instructions, ce qui fut accepté par le sieur Moniot, lors curé.

Enfin, par contrat passé devant Caillet, notaire, le 8 et le 11 décembre 1695, Mme la Chancelière vendit au roi Louis XIV la terre de Chaville avec celle de Viroflay et de Villacoublay, aux charges y énoncées et moyennant 390,000 livres[1], laquelle vente fut consentie par les héritiers de Michel Letellier et acceptée par les sieurs d'Aguesseau, conseiller ordinaire au Conseil royal, Phelypeaux de Pontchartrain, contrôleur général des finances, de Breteuil et de Caumartin, conseillers d'État, intendant des finances, commissaires nommés à cet effet, lesquels, en vertu du pouvoir à eux donné par Sa Majesté, en firent donation par le même acte à Monseigneur Louis, dauphin de France, comme lui étant convenable pour la décoration et commodité de la terre et baronnie de Meudon, qu'il avait acquise de Mme de Louvois, et le tout ayant été ratifié par des lettres patentes adressées au Parlement et à la Chambre des comptes, du mois de janvier 1696. Monseigneur joignit le parc de Chaville à celui de Meudon par la suppression du mur de séparation[2].

Mme la Chancelière mourut le 28 novembre 1698, âgée de quatre-vingt-dix ans.

---

1. L'acte de vente se trouve dans le minutier de Me Gallois.

2. Le château de Chaville, dont on a de nombreuses gravures au Cabinet des estampes de la Bibliothèque nationale, fut, ainsi que le petit parc, donné en usufruit en 1766 par le Roi au maréchal de Tessé qui fit démolir le château et abattre les bois et les arbres qu'il vendit à son profit. L'année suivante, il fit construire un nouveau château à 80 toises du premier, sur le même alignement. Le parc et le jardin furent plantés de nouveau. On conserve dans la bibliothèque Méjanes, à Aix (ms. 119 [451]), un « Traité des eaux de Chaville,... 1697. » In-16, de 120 pages, avec plans coloriés des parcs et jardins. Chaville fut vendu comme propriété nationale et démoli en 1800. Le parc fait aujourd'hui partie de la forêt de l'État.

APPENDICE.

I.

MANIÈRE DE MONTRER MEUDON.

(VERS 1667[1].)

Il faut arriver par l'avenue et ensuite passer par la superbe terrasse pour arriver dans la cour où l'on doit descendre de carrosse ; on visitera les appartements et on sortira ensuite par le vestibule du château ; on ira droit à la terrasse au-dessus de l'orangerie, d'où l'on considérera la face de la maison, les berceaux, l'orangerie, le parterre du globe, celui de la grotte, les grandes allées de l'orangerie, l'ovale, les autres fontaines et les autres pièces d'eau, que l'on peut voir d'une seule veüe. On tournera à droite et on ira en passant devant la grille faire le tour du parterre du globe, en tournant par la petite terrasse des marronniers en suivant la balustrade ; on fera aussi remarquer la veüe qu'il y a à l'angle qui regarde l'orangerie, puis on continuera la marche par devant le globe, que l'on fera regarder. Ensuite, on descendra sur le parterre de la grotte par le premier escalier que l'on trouvera en venant de ce côté ; on descendra ensuite par la rampe à main gauche pour faire le demi-tour dudit parterre et arriver à la rampe de l'orangerie, où l'on descendra. On fera le tour de l'orangerie, puis on descendra dans la grande allée jusqu'au grand carré. On descendra ensuite par la rampe à droite de la pièce de l'ovale ; on s'arrestera un peu au bas de ladite rampe pour regarder les allées qui y aboutissent et les fontaines que l'on peut voir de cet endroit. On continuera la promenade par l'allée des Fontaines, jusqu'à l'endroit où elle commence à s'élargir, pour considérer l'octogone, la pièce des deux gerbes, les deux cascades et le vertugadin. On passera de là par la fontaine du cabinet, qui est dans le bois, et on regagnera par les

---

1. Bibliothèque nationale, département des Estampes, topographie de la France, Seine-et-Oise, Meudon.

allées du même bois l'allée des fontaines; on descendra à l'octogone
et ensuite le degré pour aller par l'allée du milieu du parterre jusqu'à
la pièce des deux gerbes, où l'on s'arrestera pour regarder de ceste
place les cascades, la gerbe de l'octogone et les nappes et bouillons
qui sont au bout de l'allée basse. On traversera ensuite à gauche, on
longera l'allée basse jusqu'à la fontaine qui est au bout, on s'assoiera
aux bancs qui sont dans la place pour considérer l'effet d'eau de cette
fontaine. Il faudra ensuite monter par l'allée en *esse* (*sic*) qui conduit
au point de vue, où l'on fera une pose pour regarder la veüe. On ira
par l'allée du bout du jardin jusqu'à celle du petit bois qui se trouve
au milieu de la salle des marronniers, laquelle on traversera, et
ensuite on retournera pour regagner le bassin, qui est au milieu de
l'allée du point de veüe; on ira ensuite passer aux fontaines, qui
sont entourées de marronniers, et aux marronniers de Cléopâtre.
Quand on sera vis-à-vis de la statue de Cléopâtre, on tournera à
gauche pour regagner l'allée basse, et on fera encore remarquer la
fontaine qui est au bout. Il faudra ensuite remonter la petite rampe
et repasser devant les cascades et devant la pièce des gerbes, jusqu'à
l'allée qui monte à la gerbe de la demi-lune, laquelle on suivra jusqu'à cette fontaine, dont on fera le tour, puis on montera par l'allée
de la demi-lune dans la grande allée de l'orangerie, laissant le grand
carré à droite. Il faudra remonter par l'allée neuve des communications jusqu'à la petite route qui monte au parasol, et on s'y reposera
quelque temps. On continuera la promenade par l'allée qui monte à
la balustrade; on s'y arrêtera un moment, puis on suivra l'allée à
mi-côte, jusqu'à la calotte, pour voir la veüe champêtre qui ne laisse
pas d'avoir son agrément. On ira ensuite gagner la petite étoile, dont
on fera le tour, et il faudra faire remarquer les points de veüe qui s'y
rencontrent. On ira entrer dans l'allée du Gladiateur par celle du
milieu du bois de la petite étoile en tournant à gauche. On suivra la
grande allée jusqu'au rond du Gladiateur, où il faudra s'asseoir pour
considérer les différentes veües qui s'y rencontrent. Il faudra se
remettre en marche par l'allée qui va du rond du Gladiateur tomber
au milieu des cloîtres; on tournera à gauche pour faire le tour de ce
lieu enchanteur et magnifique, que l'on continuera jusqu'à la grande
allée qui va couper la rivière, et où l'on fera une petite pose pour
voir les chutes d'eau. On suivra toujours la même allée, jusqu'à l'endroit où elle donne dans celle du mail, et on tournera à droite, et il
faudra la suivre, passant par le grand rond jusqu'à la première allée
qui va au bassin du petit bois de Bel-Air. On entrera dans ledit bois
et on fera le demi-tour de ce bassin, puis on gagnera la pièce de Bel-
Air. On fera le tour de cette pièce, la laissant à gauche, jusqu'à l'allée du milieu qui va se rendre au bassin du Bel-Air, dont on fera le
tour, tournant à gauche pour enfiler l'allée du Bel-Air et la suivre

jusqu'à l'entrée du bois de Montafiland. On suivra la terrasse à gauche pour descendre dans l'allée qui va au cabinet de la Belle-Veüe, dans lequel on entrera pour se reposer et y voir Paris, Saint-Cloud et les environs. Il faudra descendre sur le bastiment des Capucins, dont on fera le tour, et, après y avoir demeuré quelque tems, considérer la beauté et la richesse du pays ; on remontera par la belle allée jusque vis-à-vis le front du château qui entre dans le bout de la galerie. On descendra par l'escalier qui va du parterre du bois au parterre du château ; on fera le tour de la maison et on ira sortir par la grille qui sépare la superbe terrasse des parterres. On finira la promenade par faire le tour de la terrasse et revenir par les quinconces des marronniers et rentrer dans la cour, où l'on reprendra ses carrosses.

II.

INVENTAIRE DU MOBILIER

DU CHATEAU DE MEUDON

EN 1689[1].

Vermeil doré de Meudon.

Deux bassins ovales, pesant 11 marcs 5 onces.
Deux esguières, pesant 11 m. 5 o.
Deux souscoupes, pesant 6 m. 1 o.
Deux douzaines d'assiettes, pesant 48 m. 7 o.
Quatre salières, 3 m. 1 o. 4 grains.
Douze cuillers et douze fourchettes, 7 m. 3 o.
Douze couteaux non pesez.
Une cuiller, une fourchette, un couteau dans un catena, pesant 7 m. 6 g.
Deux flambeaux, pesant 5 m. 2 o. 2 g.

1. M. le duc de Doudeauville a bien voulu, ce dont nous lui adressons nos plus vifs remerciements, nous communiquer l'inventaire de Louvois, fait en 1689. C'est un magnifique volume, aux armes du ministre, dont nous avons extrait l'inventaire du mobilier de Meudon. Mlle Letellier était devenue, comme nous l'avons dit ailleurs, la duchesse de la Rochefoucauld, ce qui explique pourquoi ce précieux volume se trouve rue de Varennes.

Une escuelle.

Un estui de maroquin rouge garny de douze culières, douze fourchettes et douze cousteaux de vermeil doré d'Allemagne, pesant 5 m. 5 g.

Vaisselle de table de Meudon.

Six grands plats, pesant 90 m. 3 o. 7 g.

Deux assiettes pour lesdits plats, pesant 11 m. 7 o. 4 g.

Huit moyens plats, pesant 85 m. 6 o. 4 g.

Quatre assiettes pour lesdits plats, pesant 18 m. 4 o. 2 g.

Dix-huit plats de 7 marcs chacun, pesant 125 m. 2 g.

Dix-huit petits plats, pesant 81 m. 4 o. 5 g.

Quatre douzaines d'assiettes potagères, pesant 125 m. 4 g.

Huit douzaines d'assiettes de table, pesant 216 m. 5 o. 4 g.

Six saulcières, pesant 12 m. 1 g.

Sept bassins, dont trois ovales, deux ronds et deux à gauderons, pesant 162 m. 6 o.

Six soucoupes, pesant 37 m.

Quatre flacons, pesant 91 m. 1 g. (Fondu.)

Douze flambeaux unis, pesant 50 m. 2 o. 2 g.

Huit esguières, pesant 70 m. 1 o. 6 g.

Huit salières, pesant 12 m. 3 o. 1 g.

Deux vinaigriers, pesant 5 m. 2 o.

Deux sucriers, pesant 6 m. 1 g.

Un moutardier, pesant 2 m. 7 o. 7 g.

Une escuelle couverte.

Deux poivriers, pesant 15 m. 5 o. 6 g.

Un huilier, pesant 2 m. 2 o. 2 g.

Six douzaines de cuillers, pesant 25 m. 50 o. 5 g.

Six douzaines de fourchettes, pesant 22 m. 1 o. 1 g.

Six douzaines de cousteaux, pesant 23 m. 6 o. 4 g.

Un pot à bouillon, pesant 5 m. 5 o. 1 g.

Une cuiller à potage, pesant 2 m. 5 o. 1 g.

Un poëslon à bouillie, pesant 7 m. 7 g.

Vingt-quatre assiettes, savoir seize à mettre sur les plats et huit à ragoux, pesant 66 m. 3 o. 7 g.

Trois paires de mouchettes et leurs boettes, pesant 5 m. 4 g.

Un pot de chambre, pesant 5 m. 1 g.

Deux tire moesle, pesant 2 o. 4 g.

Douze chandeliers de moyenne grandeur, pesant 25 m. 6 o.

Dix plus petits chandeliers, pesant 9 m. 3 o. 4 g.

Une bassinoire, pesant 8 m. 1 o. 6 g.

Un bassin à barbe, pesant 5 m. 5 g.

Un cocquemare, pesant 3 m. 1 o.

Une boette à fusil, pesant 1 m. 3 o. 1 g.

Une boette à savonnette, pesant 3 o. 1 g.

Un petit estui à mouchettes, et les petites mouchettes pour servir avec les petits chandeliers, pesant 3 o. 1 g.

Une chocolatière sans manche, pesant 3 m. 4 g.

Quatre esguières, pesant 21 m.

Deux sucriers, pesant 4 m.

Une escuelle, pesant 2 m. 5 o.

Deux souscouppes, pesant 7 m. 6 o. 4 g.

Une bassinoire, pesant 8 m. 5 o. 4 g.

Une escritoire garnie de son cornet, poudrier et sonnette, pesant 4 m. 4 o. 4 g.

Un réchaud pour servir avec de l'eau-de-vie et son estuis, pesant 9 m. 2 o. 5 g.

Une grille, pesant 20 m. 2 o. 5 g. (Fondue.)

Une grande cuvette. (Idem.)

Deux buires. (Idem.)

Deux sceaux, pesant 706 m. 6 o. (Idem.)

En juillet 1688.

Douze petits flambeaux d'argent pour le cabinet de Monseigneur, six petits flambeaux de toilette, pesant ensemble 33 m. 3 o. 2 g.

Miroirs de Meudon.

Un grand miroir de glace de Venise par feuillages, dont les glaces du fond sont violettes avec son cordon de soye.

Deux grands miroirs à bordures de glace avec des plaques de cuivre doré et leurs cordons pour les pendre.

Un miroir dont la bordure est argentée.

Deux miroirs à bordures de glace avec des plaques de cuivre doré.

Trois grands miroirs, tous de glace, dont deux avec des plaques de cuivre doré.

Un miroir avec une petite bordure de glace enrichie d'argent et de cuivre doré.

Trois petits miroirs de glaces, dont deux avec des placques de cuivre.

Un miroir de moyenne grandeur avec des plaques de cuivre doré.

Tapisseries de haute lisse de Meudon.

Cinq pièces de tapisserie, dont le sujet est le Triomphe de l'Amour, contenant 20 aunes 1/2 de cours sur 1 3/4 de haut. (Il y en a trois pièces à Paris.)

Quatre pièces de tapisserie de l'Histoire de Joseph, contenant 14 aunes de cours sur 3 de hauteur. Ces quatre pièces prisées ensemble 900 l. (Il y en a une pièce à Paris.)

Cinq pièces de tapisserie de Loth contenant 12 aunes 1/2 de cours sur 2 aunes de haut. Les cinq pièces prisées ensemble 1,100 livres, et une desdites pièces est dépareillée. (Il y en a une pièce à Paris.)

Huit pièces de tapisserie des arcades contenant 33 aunes de cours sur 3 1/2 de haut.

Huit pièces de tapisserie de berceaux contenant 25 aunes de cours sur 3 aunes de haut. (Il y en a deux pièces à Paris; prisées les huit pièces ensemble 2,000 livres.)

Sept pièces de tapisserie de feuillages, contenant 19 aunes de cours sur 2 aunes 2/3 et demy de haut.

Neuf pièces de tapisserie de grotesque, dont il y a cinq pièces à fond noir et quatre à fond blanc, contenant 30 aunes de cours sur 2 aunes 3/4 et demy de haut. (Il y en a deux pièces de blanc à Paris.)

Sept pièces de tapisserie de la Pucelle, contenant 23 aunes de cours sur 3 aunes 1/4 de haut. (Il y en a deux pièces à Paris.)

Sept pièces de tapisserie, dont le sujet est Salomon et la Reine de Saba, contenant 39 aunes de cours sur 3 aunes de haut. (Il y en a une à Paris et une couppée en trois.)

Huit pièces de tapisserie de l'Histoire de Moïse, contenant 28 aunes de cours sur 3 aunes de haut. (Il y en a une pièce à Paris.)

Six pièces de tapisserie toute neuve, représentant les douze mois de l'année, contenant 20 aunes de cours sur 3 aunes de haut.

Huit pièces de tapisserie de haute lisse de Bruges à fond rouge, représentant des chasses, contenant 25 aunes de cours, 3 aunes de haut. (Il y en a deux pièces à Paris.)

Huit pièces de tapisserie de l'Histoire Sainte, chaque pièce représentant un sujet différent, contenant 25 aunes de cours sur 3 de haut.

Huit pièces de tapisserie d'Oudenarde, dont le sujet est des chasses, contenant 25 aunes de cours sur 3 de haut.

Six pièces de tapisserie de verdure, contenant 19 aunes 1/2 de cours sur 2 de haut.

Sept pièces de tapisserie de grosse verdure de Flandre, contenant 21 aunes de cours sur 2 de haut.

Neuf pièces de tapisserie anticque de Flandre, contenant 25 aunes de cours sur 3 de haut.

Huit pièces de tapisserie de Bruxelles toute neuve, dont le sujet est Meleagre et Atthalante, contenant 28 aunes de cours sur 3 et un quart de haut.

Dix pièces de tapisserie représentant les chasses de Diane, contenant 30 aunes de cours sur 3 de haut.

Tapisseries d'esté de Meudon.

Neuf pièces de tapisserie de velours violet avec des bandes de tapisserie à fleurs, sur un satin blanc, et deux petites bandes faisant ensemble 24 aunes de cours sur 3 1/4 de haut.

Six pièces de tapisserie de damas vert contenant 13 aunes de cours sur 2 aunes de haut, garnie d'un mollet tout autour et d'une grande crespine or et argent qui fait une pente.

Trois pièces de tapisseries de colonnes brodées or et argent avec des brocards sur un fond de velours violet, contenant 9 aunes de cours sur deux de haut.

Cinq pièces de brocatelle de soye, contenant 9 aunes de cours sur 2 et demie de haut.

Quatre pièces de tapisserie de damas de Venise rouge cramoisy, chamarré d'un gallon d'or sur les lais, contenant 16 aunes de cours sur 2 aunes de haut, garnie de toile rouge. Elles ont été employées à couvrir quatre canapés et vingt-quatre tabourets de la gallerie.

Quatre pièces de tapisserie de satin de Bruges rayé aurore, violet vert et blanc, contenant 15 aunes de cours sur 2 de haut.

Cinq pièces de tapisserie de satin de Bruges aurore, violet, rouge, par lais, contenant 13 aunes de cours sur 2 de haut.

Cinq pièces de tapisserie de brocatelle de Flandre, dont un lais, qui fait la bordure, est aurore bleu et blanc, et le reste rouge, aurore et blanc, contenant 12 aunes et demi de cours sur 2 aunes 1/4 de haut.

Sept pièces de tapisseries par bandes à point d'Angleterre vert, aurore et blanc, contenant 13 aunes 1/2 de cours sur 2 aunes 1/2 de haut.

Quatre paresolles de toile cirée avec une petite dentelle fausse autour.

En juin 1688.

Quatre pièces de damas de Gennes rouge cramoisy, contenant 16 aunes de cours sur 3 moins 1/16 de haut, garnies tout autour d'un gros molet d'or fin, à la réserve de deux montants où il n'y a pas de molets, et toutte doublée de toile.

Six pièces de damas de Gennes rouge cramoisy, contenant 19 aunes et demi de cours, dont partie de 3 aunes moins 1/16 de haut et partie de 2 aunes et demi tiers est doublé de toile.

Six pièces de brocatelle d'Italie rouge cramoisi, contenant 18 aunes et demi de cours sur 2 aunes 1/4 de haut, deux dessus de fenestres, chacun de trois lais et demi sur 1 aune moins 1/16 de haut, le tout doublé de toille.

Huit pièces de brocatelle d'Italie, le fond rouge cramoisy et blanc, avec des bordures aurore, violet et blanc, contenant 14 aunes 1/2 de cours sur 2 aunes 1/2 de haut, et un dessus de fenêtres.

Sept pièces de brocatelle de Venise, le fond blanc et les fleurs cramoisy, en vingt-trois lais, contenant... aunes de cours, un dessus de fenêtres.

Huit pièces de brocatelle d'Italie à fond blanc, les fleurs cramoisy, ayant 15 aunes de cours.

Six pièces de brocatelle de Venise en soixante-sept lais à fond blanc, les fleurs cramoisy et vert, ayant 14 aunes de cours.

Quinze pièces de damas de Gennes cramoisy...

Tapisserie de Bergame.

353 aunes de Bergame sur 2 aunes de haut.
63 aunes de Bergame sur 2 aunes 1/4.
22 aunes de Bergame sur 2 aunes 1/2.
Une tenture de petite ligature de fil vert et blanc.

En 1688.

17 aunes de tapisserie de Bergame pour les garde-robes.
34 aunes de tapisserie de Bergame à fleurs et oiseaux cramoisi et vert.

Licts de maistres de Meudon.

Lict de velours vert.

Un bois de lict à l'impériale avec deux patafeuilles, garny de toutes ses tringues de bois et de fer, de quatre rideaux, quatre cantonnières, trois soubassements, trois pentes, douze housses de fauteuils, le tout de velours vert garni de franges et molet or et argent fin, doublé de satin couleur de rose, la courtepointe, le fond et le dossier, les petites pentes et fourreaux de pilliers avec un dossier chantourné de pareil satin aussi garny de franges et molet or et argent fin, et au bas de la grande pente il y a une dentelle brodée et quatre pommes avec leurs bouquets or et argent faux, garni d'un sommier de crin, lit de plumes, matelas et traversin, une couverture de laine blanche, une de toile picquée et une d'houatte de taffetas couleur de rose et vert. Douze bois de fauteuil. Le lit et fauteuils ont des housses de serge verte avec une verge tournante de fer poli ayant une fleur de lys de cuivre doré au milieu.

Lict de point d'Angleterre chamarré.

Un bois de lict à l'impériale avec deux patafeuilles, garni de toutes ses tringues, quatre rideaux, quatre cantonnières, trois pentes, trois soubassements, quatre pommes, douze housses de fauteuils, le tout de tapisserie de point d'Angleterre, de plusieurs couleurs et chamarré sur un velours violet garni de campanne et molet de même tapisserie dont les trois pentes, les quatre cantonnières et les trois soubassements sont tout de tapisserie. Lesdits quatre rideaux et cantonnières, la courtepointe, les deux dossiers, les petites pentes, le fond et l'impériale, les deux fourreaux de piliers sont doublés d'un satin de Lyon fond aurore, les fleurs blanches et violettes. Les douze bois de fauteuil garnis. L'entour dudit lit de serge violette avec celle des fauteuils et une verge tournante de fer poli. Le coucher garni d'un sommier, lit de plumes, matelas, traversin, couverture de laine, une de toile piquée et une d'houatte de taffetas de la Chine, aurore d'un costé et blanc de l'autre.

Lict de brocard rouge et or.

Un bois de lict garni de toutes ses tringues, de quatre rideaux, quatre cantonnières, trois grandes pentes, trois soubassements, la courtepointe, le fond, le dossier, les quatre petites pentes, deux fourreaux de pilier de brocard or et rouge, les rideaux et cantonnières doublés de brocard d'or à fond rouge avec quatre pommes de même, le lit et quatre bouquets de plumes fines avec leur aigrette, le tout avec frange or et argent fin. Six bois de fauteuil et quatre de sièges pliants avec leur housse de même, le lit avec frange or et argent fin. La housse du lit, celles des fauteuils et pliants de serge rouge et une verge tournante de fer poli avec un ornement de cuivre doré dans le milieu, garni d'un sommier, lit de plume, matelas, couverture de laine blanche, une de toile piquée, une de houatte de taffetas de la Chine aurore d'un côté et taffetas blanc de l'autre.

Lict de brocard des Indes fond rouge.

Un bois de lict à l'impériale avec deux pattafeuilles, garni de ses tringues, quatre rideaux, deux bonnes grâces doubles de satin des Indes blanc, trois soubassements, six housses de fauteuil, le tout de brocard des Indes à fond rouge, avec des fleurs nuées de couleur, la courtepointe, le dossier chantourné et le grand dossier de satin des Indes blanc, brodé de feuillages en compartiments de mesme estoffe du lict, les petites pentes, les fourreaux de piliers de même satin blanc, le tout garni de frange et molet de soye, retorse des couleurs du brocard, quatre pommes avec les bouquets de soye de pareille couleur audit lit. Six bois de fauteuil avec leurs housses de serge rouge. Celle du lit de même serge avec une verge tournante de fer poli et un fleuron au milieu de cuivre doré. Le coucher dudit lit garni d'un sommier de crin, lit de plumes, matelas, traversin, une couverture de laine blanche, une de toile piquée et une d'houatte, isabelle d'un costé et de l'autre blanc.

Un petit tabouret de mesme estoffe.

Lict de tissu or et argent vert et incarnat, par bandes.

Un bois de lict à l'impériale avec deux patafeuilles, garny de toutes ses tringues, de quatre rideaux, quatre cantonnières, trois pentes, trois soubassements, quatre petites pentes, le dossier, le tout tissu or et argent, vert et incarnat, par bandes, la courtepointe, le fond et l'impériale d'une petite étoffe des mêmes couleurs or et argent fin, vert et incarnat par bandes, garni de franges or et argent par coupons.

Le coucher garni d'un sommier, lit de plumes, matelas et traversin, une couverture de laine blanche, une de toile picquée et une d'ouate couleur de rose d'un côté et vert de l'autre, quatre pommes avec des bouquets or et argent faux.

Cinq bois de fauteuils avec leurs housses par compartiments, le milieu de brocard, fond rouge, or et argent, et la bordure de brocard vert, or et argent, garni de franges de mesme.

Lict de velours incarna rebordé de vert.

Un bois de lict à l'impériale avec deux patafeuilles, garny de toutes ses tringues, quatre rideaux, quatre cantonnières, trois pentes, trois soubassements, douze housses de fauteuil, le tout de velours incarna rebordé de vert à fond d'argent, lesdites pentes et soubassements garnis de cinquante-quatre boutons argent et soye meslée, lesdites pentes, rideaux, chaises, franges de crespines et molet argent et soye, incarna et vert, les grandes pentes avec de la grande crespine, la courtepointe, les deux dossiers, les petites pentes, l'impériale et la doubleure des rideaux et cantonnières sont de satin blanc brodé d'un cordonnet d'argent et soye verte et incarna par feuillages ; le fond, les deux dossiers et courtepointe ayant un ornement tout autour de broderie de tailleur de même velours pareil au lit. Quatre pommes avec des bouquets en argent faux, deux fourreaux de pilier de satin blanc uni.

Le coucher garni d'un sommier de crin, lit de plumes, matelas et traversin, une couverture de laine blanche, une de toile picquée et une d'houatte de taffetas, gridelin d'un costé et vert de l'autre. La housse du lict et celle des fauteuils de serge rouge. Douze bois de fauteuil dorez et argentez.

Lict de velours fond d'or.

Un bois de lict à l'impériale avec deux patafeuilles, garny de tringues, quatre rideaux, quatre cantonnières, trois pentes, trois soubassements, trois petits soubassements. Les deux dossiers, l'impériale, les quatre petites pentes et courtepointe, douze housses de fauteuil, le tout de velours fond d'or, les fleurs rouge cramoisy rebordé de vert, le tout garni de franges et molet or fin, les trois grandes pentes ont une grande frange à teste garnie et faite en feston. Lesdits rideaux, cantonnières et fourreaux de piliers sont de satin plein, rouge cramoisi, avec quatre pommes garnies de leurs bouquets or et argent faux. Douze bois de fauteuils dorés avec des housses de serge rouge. L'entour du lit est aussi de serge rouge avec sa tringue tournante et un fleuron de cuivre doré au milieu. Le coucher garni d'un sommier de crin, lit de plumes, matelas, traversins, couverture de laine blanche et une de houatte de taffetas aurore des deux costez.

Lict de velour à ramage fond blanc.

Un bois de lict de cinq pieds de large sur neuf de haut, garny de toutes ses tringues, avec deux patafeuilles, quatre rideaux, quatre cantonnières doublées de satin aurore, trois pentes, trois soubassements, six housses de fauteuil de velours à ramages, de plusieurs couleurs sur un fond blanc, la courtepointe, le dossier et le chantourné picqué et enrichy de cordonnet et de molet or et argent faux, de satin aurore, les quatre petites pentes et trois soubassements de pareil satin et ornements, les molets avec frange or et argent fin, et aux trois grandes pentes une grande frange à teste garnie. Quatre pommes avec des bouquets de soye. La housse du lit de serge d'aumale verte en deux rideaux et deux bonnes grâces avec celles pour les six bois de fauteuils. Le coucher garny d'un sommier, deux matelas, un lict de plumes, traversin, une couverture de toile picquée et une de houatte de taffetas couleur de cerise d'un costé et de taffetas blanc de l'autre.

Lict de velour à la turque.

Un bois de lict garny de toutes ses tringues, quatre rideaux de velour à ramages, fond d'or, quatre cantonnières, trois pentes, trois soubassements de velour à la turque, garni de campanne et molet brodé. La courtepointe, le fond et l'impériale, le grand dossier et le dossier chantourné, quatre petites pentes et quatre pommes de moire et d'or, sur laquelle on a brodé des ornements des susdits velour; lesdits rideaux et cantonnières sont doublés de la dite moire d'or, comme les trois grandes pentes, quatre bouquets de plume aurore et blanc avec leurs aigrettes. Le coucher garny d'un sommier, lict de plume, mattelas et traversin.

Lict de camelot couleur de feu.

Un bois de lict garny de toutes ses tringues, quatre rideaux, quatre bonnes grâces, trois pentes, trois soubassements, quatre pommes,

six housses de fond de chaises, de camelot couleur de feu, doublé
d'un petit brocard argent, vert et blanc, la courtepointe, le dossier,
le fond de pareil brocart avec frange et molet de soye aurore, vert et
blanc, par couppons garni d'une paillasse; lit de plume, matelas, traversin, couvertures.

Lict de damas jaune et violet.

Un bois de lict garny de quatre rideaux, deux bonnes grâces, soubassements de damas jaune et violet avec frange et molet de soye,
quatre pommes, six housses de fond de chaises, sommier, matelas et
couverture d'houatte couverte, d'un costé, de satin de la Chine blanc
et, de l'autre, de taffetas blanc.

Lict de tapisseries par bandes vert, aurore et blanc.

Un bois de lict garny de quatre rideaux, deux bonnes grâces, trois
pentes, trois soubassements de tapisserie par bandes à point d'Angleterre vert, aurore et blanc sur une moire aurore; les rideaux,
bonnes grâces, courtepointe, fond et dossier, les pentes et fourreaux
de piliers en brocard fond vert avec des fleurs de diverses couleurs,
quatre pommes, le tout avec six housses de fond de chaises, de tapisserie pareille au lict garny de franges et motets à crampans de soye
aux trois pentes des couleurs de la tapisserie avec housse de serge
aurore. Sommier de crin, matelas, couverture piquée, plus une courtepointe de brocard de plusieurs couleurs, pareille à la doublure du
lit. Les six bois de chaises ont le dossier chantourné.

Lict de tapisserie par bandes aurore et vert.

Un bois de lict garny de quatre rideaux, deux bonnes grâces, trois
pentes, trois soubassements de tapisserie de point d'Angleterre aurore
et vert par bandes sur une moire aurore; les rideaux, bonnes grâces
et courtepointes de brocard fond vert, à fleurs de plusieurs couleurs,
garny de franges de soye, de même nuance que la tapisserie; six bois
de chaises, qui ont le dossier tourné, avec six housses pour les fonds
de tapisserie et franges pareille au lict; une housse de serge aurore
avec frange et molet. Sommier, lit de plume et couverture d'houatte
de taffetas aurore et vert.

Lict de damas aurore et bleu.

Un bois de lict garny de toutes ses tringues, quatre rideaux, deux
bonnes grâces, trois pentes, trois soubassements de damas aurore et
bleu, la courtepointe, le fond, le dossier, trois petites pentes, quatre
pommes avec quatre bouquets, le tout garni de franges de plusieurs
couleurs; six bois de chaises, dont le dossier est tourné et le fond

garny avec les housses desdits fonds, pareilles au lict ; un entour de
serge d'Aumale bleue. Ledit lict garny d'un sommier, etc.; couverture de houate de taffetas bleu.

Licts de damas de Gennes rouge cramoisy faits en juillet 1688.

Quatre bois de lict, dont deux de 4 pieds de large et de 8 1/2 de
hauteur ; un de 4 pieds de large et 7 pieds de haut, et l'autre de
3 pieds de large sur 8 de haut, garnis chacun de leurs enfonceures ;
deux dossiers, dont un chantourné, deux châssis, une tringle. Sommier, etc., garnis de damas rouge cramoisy et quatre pommes avec
leurs houppes ; plus deux autres licts de damas de Gennes cramoisy.

Lict de damas rouge cramoisy avec une teste de broderie d'or fin fait en 1690 par de Lorme.

Un bois de lict de 6 pieds de large avec une impériale carrée, garnie d'un sommier ; un dossier plissé orné de franges d'or fin ; quatre
pommes à vases garnies de galon d'or et quatre grosses houppes fines
dessus ; douze housses de fauteuils, quatre de tabourets de menu
damas doublé de toile rouge avec frange et molet d'or fin ; les bois
desdits tabourets de noyer tourné ; une housse de serge de Londres
rouge cramoisy pour ledit lit avec quatre coeffes ; douze housses de
fauteuil et quatre tabourets de serge de Londres rubannées ; deux
pieds d'écrans de bois de noyer sculpté et cannelé verni avec deux
housses de ladite serge de Londres.

Autre lict de damas rouge cramoisy avec une teste de broderie d'or.

Un bois de noyer à lict d'ange, une impériale carrée, six rideaux,
une grande pente de dehors avec broderie d'or, quatre pommes à
vases garnies d'or fin, huit housses de fauteuil de damas rouge, une
ferrure pour tenir le lict en l'air avec des crampons.

Un lict, deux fauteuils, six chaises, deux tabourets en noyer garni
de damas de Gênes cramoisy.

Licts de Messieurs l'Abbé et Commandeur.

Deux bois de licts garnis de leurs tringues, quatre rideaux, quatre
cantonnières, pentes de soye avec deux envers verte et trois bois de
chaises avec leurs housses pareilles au lit.

Licts de Messieurs les enfants.

Deux bois de lict garnis chacun de leurs tringues, rideaux et soubassements de soye verte, le tout de drap vert ; sommier, etc.; deux

petites balustres, trois sièges et deux petites chaises d'enfant, aussi de drap vert; dix oreillers et dix-huit taies de toile.

Licts de repos de Meudon.

Un bois de lict de repos garni de deux matelas et deux traversins et soubassements, le dossier chantourné, le tout de velour fond jaune à fleurs noires; l'un des matelas n'a qu'un dessus de même velour et l'autre en a deux bordures.

Un bois de lict de repos avec six bois de chaises chantournées, un bois de banquette et trois de tabourets, le tout doré; ledict lit garni de deux matelas, dont le dessus d'un est de velour violet brodé or et argent avec des brocards, le tout garni de franges or et argent fin et leurs housses de serge violettes, les autres pièces pareilles.

Un lict de repos, douze fauteuils dorez de velours fond d'or avec des bouquets de fleurs vertes.

Deux licts de repos, matelas de velours à la turque, sept fauteuils et deux tabourets, franges d'or, argent, soie retorse.

Un bois de lict de repos garni de brocatelle à fond rouge or et argent avec une housse de toile peinte.

Un bois de lict de repos doré et verny, garny de deux matelas, dont le dessus est de damas garni et chamarré de gallon et frange d'or.

Un porte carreaux et trois carreaux de panne de diverses couleurs.

Un lict de repos avec un matelas de velour bleu.

Deux sièges de commodité, six fauteuils sculptés et dorés, deux tabourets de même velours bleu.

En juillet 1688.

Un grand canapé de 9 pieds de long, neuf bois de fauteuils, quatre tabourets de velour de Gênes cramoisy avec housses et galons d'or fin.

En juillet 1690.

Quatre canapés de bois de noyer sculpté et doré, de 9 pieds de long, et vingt-quatre tabourets couverts de tapisseries.

Quarante licts d'officiers.

Quarante-cinq licts pour les valets.

Portières de Meudon.

Trois portières de peluche, dont deux sont avec les armes de Monseigneur et les autres sans armes.

Une portière de drap rouge et une de serge rouge.

Paravans de Meudon.

Trois paravans de quatre feuilles, chacun de drap rouge et de 7 pieds de haut sur 8 de large, neufs.

Douze autres feuilles de paravans de serge rouge.

Un escran de 3 pieds de haut et 2 de large, de bois de noyer tourné, garni de serge rouge avec un galon d'or.

Trois tapis verts en gros drap.

Trois tapis de Turquie.

Trois tapis de cuir vert.

Quarante rideaux de toile damassée. — Trois rideaux de fenêtre d'une petite Venise. — Sept rideaux de toile peinte. — Trois rideaux de futaine à grains d'orge.

Tableaux de Meudon.

Monseigneur le Chancelier,
Monseigneur de Louvois,
Madame de la Rocheguyon,
Madame d'Armagnac,
Madame de la Trémouille,
Madame d'Aumont,
Madame de Vantadour ;
tous garnis de leurs bordures dorées.

Le portrait du Roy à cheval,
Esculape entrant dans Rome (*sic*),
Un autre portrait du Roi, âgé de quatorze ans, sur un cheval blanc,
Un portrait de Monseigneur le Chancelier, grand comme nature,
Sept tableaux de fleurs, par M. Baptiste,
La famille de Coriolan, avec sa bordure de bois doré, uni, par M. de la Fosse,
Une Galathée, du mesme, qui se met dans un cadre de marbre,
Le portrait de Monseigneur le duc d'Orléans,
Le combat des Amazones,
Les sièges de Luxembourg et de Cambray,
Quatre autres grands tableaux ;
tous sans bordure [1].

Bustes de marbre de Meudon.

Adrien, Aristide, Mithridate, Homère et Niobé (mère), de marbre blanc sur des piédouches verts ; leurs scabellons tous de marbre blanc, incrustés de Sicille.

---

1. Il devait y avoir à Meudon, du vivant de Louvois, bien d'autres tableaux, à en croire la note suivante :

« 21 décembre 1691. A Simon, peintre, à compte de la copie du tableau « de Darius de M. Mignard, qu'il a faite sur l'original qui est à Meudon, « 300 livres. — 26 juillet 1693, autre paiement de 500 livres. » (Tome III des *Comptes des Bâtiments du Roi*, publiés par J. Guiffrey.)

Tibère et Niobé, sur des piédouches de marbre gris ; leurs scabellons de blanc et noir incrustés, les chapiteaux et bases de blanc.

Socrate, marbre blanc, piédouche gris ; le scabellon incrusté de Sicile, les chapiteaux et bases de blanc.

Niobé (fille), Cléopâtre, Apollon, Antonius, marbre blanc, piédouches de plusieurs couleurs ; les scabellons noirs et blancs incrustés.

Vitellius et Bérénice, marbre blanc ; les piédouches verts, les scabellons blancs, incrustez de Sicile, les chapiteaux et bases sculptez.

Garalle et Léocon (*sic*), marbre blanc ; les piédouches de plusieurs couleurs, scabellons de mesme incrustez.

Jules César, Caracalle, Ottone, Marcorelle, Galicola, Vitelia, Liovero[1], Néron, Alexandre, Annibal, César-Auguste, Adriano, de marbre blanc ; les draperies incrustées de Sicile, leurs piédouches gris, tout le corps des scabellons incrustés de Sicille, les chapiteaux et bases de blanc.

Marcellus, Agatoclès ; les testes de marbre blanc, les draperies de gris, les piédouches de même, les scabellons incrustés de Sicile, les chapiteaux et bases de marbre blanc.

Hercules, Gladiateur, Septimius Severus, de marbre blanc ; les piédouches gris, les scabellons incrustés de Sicile, les chapiteaux et bases de marbre blanc.

Deux testes de femmes, marbre blanc ; leurs piédouches modernes, les scabellons incrustés de Sicile noir et jaune, les chapiteaux et bases de marbre blanc.

Quatre petites testes d'enfant, de marbre blanc.

Caligula, Popea, de marbre blanc ; les piédouches de plusieurs couleurs, les scabellons de noir incrustées, les chapiteaux et bases de blanc.

Lucques Verus, Marcaurelle, Marcantoine, Lycurgus ; les testes de bronze, les draperies de marbre blanc, les piédouches gris, dont deux montés sur des scabellons de marbre d'Égypte incrusté, les chapiteaux et bases de Sicile, les deux autres incrustés de marbre de Sicile, les chapiteaux et bases de blanc.

César et Esther, marbre blanc ; les piédouches de plusieurs couleurs, les scabellons incrustés de Sicile, les chapiteaux et bases de blanc.

Un bust (*sic*) d'homme sur un piédouche ; le tout de marbre blanc.

Trois petits enfants couchez.

Trois bustes d'hommes, de moyenne grandeur, et trois de femmes ; le tout de marbre blanc, dont deux hommes et deux femmes sont drappez d'albastre d'Orient.

---

1. Caligula, Lucius Verus.

Unze termes à teste noire, les draperies de plusieurs couleurs, y compris l'Idole.

Quatre scabellons, figures des Quatre Saisons, marbre blanc, appliqué sur des testes de brocatelle et Sicile, avec des paniers sur leurs testes.

Une Vénus de bronze couchée sur un pied de marbre de plusieurs couleurs.

Urnes, vases et navicelles de marbre.

Quatre urnes, avec leurs couvercles, de vieux marbre blanc travaillé.

Une grande cuvette avec son couvercle, de marbre Bigio.

Deux cuvettes à gaudrons, de marbre rouge, avec couvercles de même.

Deux vases de marbre noir à feuillages isabel incrustez ; leur piédouches de marbre de diverses couleurs.

Deux grands vases avec leurs ances ornées de masques, sur le couvercle desquelles il y a deux testes de griffons.

Quatre petits vases de marbre isabel, sur le couvercle desquels il y a une boulle de marbre noir.

Deux grands vases de marbre gris blanc, en antonnoir, à gauderons, les couvercles à feuillages.

Un grand vase de marbre granique, le couvercle à gauderons et deux meusles.

Deux autres vases plus petits, de marbre gris blanc, à gauderons, les couvercles du même.

Un vase de même marbre, tout uni, de même grandeur.

Un autre vase de même marbre, un peu plus haut, à gauderons, et son couvercle de même, à feuillages.

Un vase de même marbre tout unis, au couvercle duquel il y a deux masques et une boule au-dessus.

Deux vases de marbre Bigio, à gauderons par le bas, le couvercle de même, gauderonné par le haut.

Deux grands vases gris blanc, sculptés et gauderonnés, leurs couvercles de même, avec des feuillages antiques autour sur leur dos, de marbre rouge et blanc.

Deux vases de porphyre, l'un tout uni et l'autre à gauderons posés sur des piédouches de bois noir.

Deux vases de marbre jaspé ayant chacun deux masques.

Deux vases de marbre de Sicile jaspés à gauderons, les couvercles de mesme, chacun deux testes de béliers.

Un vase tout de gauderons, avec deux masques de forme antique d'albastre oriental, le piédouche de marbre vert.

Un vase blanc d'albastre d'Orient, orné de gauderons, deux masques autour du corps et six autour du col, et deux testes d'oyseaux, sans couvercles.

Deux grands vases ronds de marbre rouge à gauderons, à quatre ances, leurs couvercles de mesme, ayant dessus deux testes endossées l'une contre l'autre.

Trois vases de marbre jaspé, savoir : un grand tout uni avec son couvercle de même, auquel il y a une boulle; les deux autres plus petits, à gauderons, avec leurs couvercles de même et un masque de chaque costé.

Trois navicelles de marbre rouge commun, tout unies.

Deux navicelles de marbre gridelin et blanc, gauderonnées, le couvercle de mesme.

Deux grandes navicelles à gauderons, ayant chacune deux masques avec des rouleaux, et le couvercle de mesme, le tout de marbre de Sicile jaspé.

Deux petites navicelles à gauderons, de marbre Bigio, avec leurs couvercles à feuillages et gauderons.

Deux navicelles tout unies, de marbre violet et blanc, avec leurs couvercles de mesme.

Une petite navicelle d'albastre d'Orient blanc, sans couvercle.

Deux navicelles, dont la plus grande est d'albastre d'Orient blanc, le corps gauderonné et le couvercle tout uni et la plus petite toute unie, dont le corps est d'albastre d'Orient jaune et le couvercle de blanc.

Cabinets et bureaux de Meudon.

Un bureau de marquetterie.

Un bureau de bois vesné.

Un bureau marquetté d'estain avec des filets d'ébène noir à compartiments.

Un bureau de bois de Sainte-Lucie.

Un autre bureau de bois de Sainte-Lucie avec des ornements d'ébène et marquetterie d'estain.

Quatre bureaux couverts de leurs tapis de cuivre et serge verte.

Deux pendulles, dont l'une est de Thuret, ayant la boette de marquetterie, et quatre petits vases au-dessus, et l'autre de coupelle anglois.

Un baromètre et un thermomètre avec leurs bordures dorées.

Ormoires et coffres de Meudon.

Une ormoire de bois de cèdre avec fil de loton.

Six grandes ormoires de bois de chesne.

Une grande ormoire pour mettre les hardes de Messieurs l'abbé et commandeur.

Deux coffres pour mettre du linge.

Une cassette de nuit à couvercle de cuir marbré.

Tables de marbre de Meudon.

Deux tables de marbre incrustées, façon de Sicile, avec leurs pieds noir et or.

Quatre guéridons noirs et dorez.

Trois grandes tables de marbre blanc sur pied dorés.

Quatre tables de marbre sur pieds dorés.

Quatre guéridons de bois noir dorez.

Quatre guéridons de bois de noyer à rebords pour jouer.

Deux tables de marbre gris, incrustées sur leurs pieds de bois, dorés et sculptés.

Deux guéridons marquettés d'estain avec filets d'ébène noir par compartiments.

Une table de marbre gridelin incrustée de marbre d'Égypte vert.

Une table de marbre incrusté avec une rose isabelle au milieu, sur son pied doré et sculpté.

Deux tables de marbre violet et blanc, à pieds dorés.

Quatre guéridons, dont deux de bois dorés fort beaux et deux de bois noir doré.

Deux tables de marbre incrustées, le fond de vert et blanc, la bordure jaune et blanc.

Quatre guéridons, dont deux en ébène dorés.

Deux guéridons avec des boulles dorées.

Dans la galerie.

Quatre tables incrustées de marbres de différentes couleurs.

Deux tables incrustées, les bordures de marbre jaspé et la table d'albastre d'Orient.

Une table incrustée de porphyre.

Deux de marbre vert, deux de marbre violet, deux de marbre noir, toutes montées sur des pieds dorés et sculptés.

Tables de marquetterie de Meudon.

Une table de marquetterie avec un tapis de cuir vert.

Une autre table marquettée.

Quatre tables et huit guéridons de bois de cèdre à filets noirs.

Une table et deux guéridons de noyer doré.

Un jeu de trou-madame, doré et peint, avec sa table de bois de chesne de 12 pieds de long, garnie de drap vert, avec quatre tretteaux de mesme bois, treize boulles d'ivoire et une grande toile verte pour couvrir ledit jeu.

Deux billards et leurs billes.

Un jeu d'oie avec un cornet et des dez.

Un jeu de jonchets.

Un grand trictrac fermant à clef, garni de ses dames et des dez, avec un sacq de cuir pour l'envelopper.

Fauteuils de commodité de Meudon.

Un grand fauteuil de commodité, garni d'un carreau de velour vert avec franges d'or et argent fin.

Un fauteuil en panne verte et aurore, avec franges d'or et d'argent fin.

Un fauteuil de velour vert, garni de franges or et argent fin.

Un siège de damas jaune et blanc.

Quatre sièges de panne violet et blanc avec franges de soye.

Deux chaises de brocard ancien or et argent, rouge et vert avec franges de soye.

Dix fauteuils de panne, de plusieurs couleurs.

Trois fauteuils de velour fond d'or, à bouquets verts.

Deux sièges de brocard des Indes à fond rouge, avec des fleurs ornées de couleurs.

Deux fauteuils dorés en velour fond d'or, les fleurs rouges cramoisi rebordées de vert avec franges d'or fin.

Deux fauteuils dorés, de velour fond d'or à franges d'or.

Deux sièges en damas rouge et violet.

Deux sièges de brocard argent, vert et blanc.

Douze autres sièges en tapisserie.

Un fauteuil de brocard argent et vert.

Trois fauteuils de brocatelle rouge, or et argent.

Une banquette pareille.

Douze fauteuils de velour violet, avec bandes à fleurs de tapisserie garnies de franges de soye.

Quatre fauteuils de canne d'Angleterre.

Dix-sept chaises de moquette aurore blanc et vert.

Vingt-deux chaises de moquette aurore et bleue.

Deux chaises de serge d'Aumale verte.

Dix-huit chaises de moquette fond rouge, les fleurs vertes bordées de noir.

Vingt chaises de moquette aurore et vert.

Vingt chaises de carrés d'Angleterre, à fleurs rouge et noir.

Huit chaises, trois tabourets, dont la sculpture est dorée, et damas de Venise cramoisi, avec un galon d'or.

Quatorze chaises de point à la turque.

Dix chaises et trois tabourets dorés et sculptés, et damas de Venise rouge, à galon d'or.

Dix-huit chaises de moquette.

Trente-six chaises de moquette pour les repas.

Quarante-quatre chaises de paille.

Six pliants de velour violet, avec des bandes à fleurs de tapisserie avec franges de soie.

Douze fauteuils dorés garnis de serge.

Vingt-huit tabourets de velour de plusieurs couleurs.

Huit formes garnies de moquettes à fleurs.

Une banquette de velour bleu et brocatelle d'or.

Quarante-deux chaises de noyer.

Quatorze chaises percées garnies de diverses étoffes.

Quatre chenets de cuivre, pelle et pincette.

Vingt-cinq grilles de fer poly.

Linges de maîtres de Meudon.

Soixante douzaines de serviettes petite Venise.

Soixante nappes pareilles.

Trente douzaines de serviettes et trente nappes.

Cinq douzaines de vieilles serviettes ouvrées, couppées par un coin, pour servir aux chaises percées.

Sept douzaines de serviettes et onze nappes.

Vingt paires de draps d'Hollande.

Vingt paires de draps fins.

Six douzaines d'eschauffoirs.

Vingt-quatre alaises.

(*Suit le linge d'office.*)

Vaisselle d'étain.

Douze grands plats.

Douze moyens.

Vingt-quatre assiettes creuses.

Six assiettes de fond.

Quatre douzaines d'assiettes de table.

Six pots à l'eau.

Six tasses à boire.

Trois douzaines de cuillers.

Deux douzaines de fourchettes.

Deux pots de trois chopines.

(*Suit la batterie de cuisine.*)

Ornements de la chapelle de Meudon.

Une croix d'argent.
Deux chandeliers,
Un calice,
Un bassin,
Deux burettes,
Une sonnette ;
le tout d'argent.
Deux aubes garnies de point à la Reine.
Deux aubes garnies de dentelles.
Six amicts unis.
Six corporaux.
Douze purificatoires.
Six tours d'étoles en dentelles.
Six essuie-mains.
Deux tours d'autel.
Les ornements d'autel.
Une sonnette pour appeler le monde.

III.

INVENTAIRE DES OBJETS D'ART
DU CHATEAU DE MEUDON.

(1722[1].)

Salon qui précède la galerie.

Chenets de l'Algarde-bronze. Le premier est composé de Jupiter tenant son foudre, assis sur un aigle, posé sur le globe terrestre, qui est sur des rochers que soutiennent trois figures d'hommes nuds sur

---

1. Archives nationales, O¹ 1969 et O¹ 1978. — A la fin de 1722, le duc d'Antin, pair de France, surintendant général des bâtiments du Roi, arts et manufactures royales, fit dresser par le sieur Mason, sculpteur de S. M. et de son Académie, un inventaire général des figures, groupes, termes, etc. du château de Meudon. Cet inventaire donne une idée des splendeurs de la demeure du grand Dauphin, dont nous ne possédons malheureusement pas le mobilier.

un socle triangulaire, 3 pieds 3 pouces de haut. — Le second est composé d'une Junon, assise sur un paon, qui est sur un globe céleste, posé sur des rochers soutenus par des figures d'hommes nuds, même mesure. (Ces deux morceaux sont sur des scabellons de marquetterie d'environ 5 pieds de haut.)

Une tête de marbre blanc en gaine, représentant un Mercure, coiffé de son bonnet, auquel une des ailes est cassée, ayant une bourse sur l'estomac, de 15 pouces de haut, sur un scabellon de marbre blanc de 4 pieds 4 pouces de haut.

Une tête de Bacchante, aussi en gaisne, coiffée de feuilles de vignes, ayant un morceau de peau sur l'estomac, mesures et scabellons idem.

Une teste de Faune ayant de la barbe, coiffée de lierre, mesures et scabellons idem.

Une teste de Flore, coiffée de fleurs, avec une guirlande de mesme qui est liée sur l'estomac, scabellons et mesures idem.

Une teste de satyre, la bouche ouverte et deux bouquets de barbe sous le menton, mesures et scabellons idem. (De M. Leremberg.)

Une teste de Bacchante, coiffée de ses cheveux, lesquelz sont liez sur la teste, mesure et scabellons idem. (De M. Leremberg.)

Un buste du portrait de la reine d'Espagne, coiffée d'un diadème, vêtu d'une draperie avec des fleurs de lys, semées dessus, avec un piédouche de marbre blanc, de forme quarrée, d'environ 2 pieds de haut.

Dans la galerie.

Un buste de marbre blanc, représentant Mithridate, copié d'après l'antique, dont le corps est drapé; il a 2 pieds de haut sur un piédouche de marbre noir, lequel est posé sur un scabellon de marbre incrusté, lequel a 4 pieds 5 pouces de haut.

Un buste de Caracalla, à la romaine, de 2 pieds de haut, sur un piédouche et scabellon, copié d'après l'antique.

Un buste du Lantin, copié d'après l'antique, ayant un morceau de draperie sur l'épaule gauche, sur un piédouche de marbre meslé, qui est sur un scabellon de 4 pieds 1 pouce de haut de marbre de Rance incrusté.

Un buste sans épaules jusqu'au dessous des mamelles, copié d'après le Laocoon antique ; piédouche et scabellon, 1 pied 1 pouce de haut.

Un buste de Faustine antique de 1 pied 9 pouces de haut ; le corps est vêtu d'une chemise qui marque le nu ; son piédouche de marbre blanc est sur un scabellon de différents marbres antiques incrustés, de 4 pieds 1 pouce de haut.

Un buste de Faustine antique, dont le corps est drapé ; il a 1 pied 7 pouces de haut, sur un piédouche de marbre meslé, scabellon idem. (Il y a un joint au col.)

Un buste d'Hercule Commode, copié d'après l'antique, ayant une peau de lion sur l'estomac, de 2 pieds 2 pouces de haut, sur un piédouche de marbre meslé de forme quarrée, scabellon idem.

Un buste d'une tête antique, coiffée d'un bonnet, représentant Scipion l'Africain; le corps qui est moderne est vêtu à la romaine, a un mascaron sur la cuirasse, sur un piédouche de marbre rougeâtre, scabellon idem.

Un buste représentant Homère, dont la draperie, qui habille le corps, est de marbre de Sicile, incrusté sur un piédouche de marbre meslé, scabellon idem.

Un buste d'une teste d'Empereur sans barbe ayant un joint au col, et dont le corps, qui est vêtu à la romaine, est de marbre de Sicile incrusté, piédouche et scabellon idem.

Un buste de Caton, copié d'après l'antique; la draperie dont le corps est vêtu est d'albâtre oriental de 1 pied 10 pouces de haut sur un piédouche de marbre de Rance, scabellon idem.

Un buste représentant Cicéron, dont le vêtement est de marbre de Sicile incrusté, sur un piédouche de marbre bleuâtre, scabellon et mesures idem.

Un buste d'Empereur, dont la teste est antique, ayant les cheveux crespez, le nez restauré, le corps vêtu à la romaine, sur un piédouche de marbre blanc, scabellon idem.

Un buste du portrait du Carrache, vêtu d'un pourpoint avec un collet et un grand morceau de draperie, sur un piédouche de marbre blanc veiné, scabellon idem.

Un buste du portrait de Raphaël; piédouche et scabellon idem. (Ces deux bustes sont d'Alexandre Rodoni, Italien.)

Un buste d'Annibal, vêtu à la romaine, de 2 pieds de haut, sur un piédouche de marbre meslé, scabellon idem.

Un buste d'Empereur, dont la tête est moderne, un corps antique vêtu à la romaine, son piédouche est de marbre blanc, scabellon idem.

Un buste d'Agrippine antique, coiffée d'un double diadème composé de nattes, ayant le bout du nez de mastic, le corps vêtu, son piédouche est de marbre blanc, scabellon idem.

Salon au bout de la galerie.

Une tête de femme de marbre antique, plus grande que nature, à laquelle il manque le bout du nez. Elle a un morceau de draperie qui lui couvre l'estomac et est sans épaules. Son piédouche est de marbre blanc, sur un scabellon de jaune antique.

Une teste de marbre, copiée d'après l'antique, Apollon ayant un morceau de draperie, sur un piédouche de marbre meslé, scabellon idem.

Une teste de porphyre d'Alexandre, coiffé d'un casque, ayant un morceau de draperie de bronze au défaut du col, depuis l'aigrette du casque jusqu'au nœud de la gorge. Elle a 2 pieds de haut sur un piédouche de marbre.

Bronze. Une figure d'homme nud, posant sur la pointe du pied droit, en action pour arrêter un cerf qui court. Il lui tient le mufle d'une main et par le bois de l'autre, de 2 pieds 2 pouces de haut, 3 de large, sur un scabellon de marquetterie.

Bronzes qui sont dans la galerie.

La figure d'un Hercule qui dompte un taureau, qu'il tient par les deux cornes, de 18 pouces de haut sur 1 pied 9 pouces de large, sur un scabellon de marquetterie, garni de bronze.

Une figure d'Hercule qui porte un sanglier sur l'épaule gauche, 2 pieds de haut, scabellon idem.

Un groupe de deux figures nues, d'un homme qui enlève une femme, de 3 pieds de haut, scabellon idem.

Un groupe du Centaure qui enlève Déjanire, 2 pieds de haut sur 2 de large.

Une figure nue, en attitude de tenir un cheval qui se cabre, copie d'un des chevaux de Montecaval de Rome, ayant un corselet entre les jambes, qui le soutient, de 2 pieds de haut, scabellon idem, son regard.

Une figure en pied d'Hercule portant le globe céleste, de 2 pieds 9 pouces de haut, scabellon idem.

Une tête de Minerve de bronze antique, coiffée d'un casque sur la cime duquel est un sphynx, de 9 pouces de haut, sur un scabellon de marbre.

Une tête d'homme nue, ayant la barbe et les cheveux courts, un cordon qui lui ceint la tête, d'un pied de haut, piédouche idem.

Une tête d'homme antique avec une chemise au deffaut du col, 1 pied 3 pouces de haut, sur un piédouche.

Une teste de jeune Faune antique, regardant en haut, de 1 pied de haut, sur un piédouche de marbre.

Une teste de Sénèque antique, de 1 pied de haut, sur un pied de marbre pareil au précédent.

Une teste antique, les cheveux crespez, la barbe naissante, piédouche idem.

Une teste d'Aristote, de pierre de touche, ayant un bonnet, une longue barbe, sur le vêtement duquel est gravé en grec « Aristoteles; » le piédouche est du même morceau.

Un buste de bronze de Caracalla, de 1 pied 6 pouces de haut, moulé sur l'antique, avec un pied pareil au précédent.

Une tête de Démosthène, sur un pied de marbre de forme quarrée, de 15 pouces de haut.

Une teste de vieillard, chauve, ayant de la barbe, un morceau de draperie autour du col, 13 pieds de haut, sur un pied de marbre meslé.

Une teste de l'Athalanthe antique, de 1 pied de haut, piédouche idem.

Une teste de vieillard antique, ayant ses cheveux et la barbe et un morceau de draperie du côté gauche du col, de 16 pouces de haut, piédouche idem.

Une teste de Vestale, de 10 pouces de haut, sur un piédestal.

Dans la pièce en suite.

Un terme, dont la tête est de pierre de touche, ayant une chemise de marbre blanc et une draperie de marbre de Sicile ; la gaine est de marbre antique, 5 pieds 4 pouces de haut.

Un terme de Mauresse de pierre de touche, ayant un collier blanc, la mamelle droite et l'épaule gauche couvertes d'une draperie qui tombe sur la gaine, laquelle est de marbre de Sicile, mesures idem.

Un terme d'un Maure pareil au précédent, auquel on voit les dents qui sont de marbre blanc, mesure idem.

Un terme d'une Mauresse de même marbre que les précédents, laquelle a les dents blanches, la mamelle gauche couverte d'une draperie qui lui couvre l'épaule droite et une partie de la gaine ; elle est de marbre de Sicile, mesures idem.

Un terme d'un Maure de pierre de touche, ayant une plume de marbre sur la tête, la draperie est de marbre de Sicile qui laisse voir une manche blanche sur l'épaule droite, mesure idem.

Un terme de femme avec des épaules dont la tête est aussi de pierre de touche, le vêtement d'agathe orientale, la gaine de marbre noir et le socle de marbre de couleur, 5 pieds 9 pouces de haut. — Un autre, idem.

Un terme d'homme sans épaule, ayant un morceau de draperie sur la tête, laquelle a de la barbe et est de pierre de touche ; la draperie est d'albâtre, la gaine de marbre noir, le pied et le socle de marbre de couleur, le tout a 1 pied 6 pouces de haut.

Un terme d'un Maure sans épaules, coiffé d'un bonnet dont la tête est de marbre bleuâtre, la draperie qui est de marbre de Sicile est attachée d'un bouton et couvre une partie de la gaine, qui a 6 pieds de haut.

Un terme d'une Bacchante coiffée de lierre, ayant des épaules, un joint au col ; elle est de pierre de touche, sa draperie qui couvre presque toute la gaine est de bresche violette, de 5 pieds de haut.

Un terme d'homme, de marbre bleuâtre meslé de veines blanches, lequel a de la barbe; la draperie dont il est revêtu luy couvre la teste, ayant un bouton sur l'épaule droite; on voit le bout des pieds qui pose sur le socle.

Un terme de femme avec des épaules, dont la tête est de pierre de touche bleuâtre; le vêtement qui couvre presque toute la gaine est d'un marbre antique très meslé, la gaine de marbre noir, le socle de couleurs, mesures idem.

CHATEAU NEUF.

Dans une niche sur l'escalier.

Une figure d'Apollon de bronze antique, nue, ayant le bras droit sur la teste et tenant son arc de la gauche, posant sur la jambe droite, le pied gauche sur le serpent pithon, 6 pieds de haut.

Une grande urne de marbre meslé dans une des arcades de l'avant-corps du chasteau neuf, de 5 pieds de haut, 3 pieds de diamètre, laquelle est ornée de canaux avec dards, entre deux, sur le corps du pied sont des feuilles d'eau, la plinthe duquel est quarrée, et a sur chaque face 1 pied 10 pouces 1/2 sur un socle de marbre de Languedoc de 4 pieds 5 pouces de haut. — Une autre, idem.

Dans le parterre en face dudit château.

Figures de bronze.

Une figure de petit berger qui porte un chevreau sur ses épaules, moulé sur l'antique, de 4 pieds de haut.

La petite Athalante, moulée sur l'antique, de 3 pieds 6 pouces de haut.

Une figure d'un jeune sénateur, posant sur la jambe gauche, vêtu jusqu'au-dessus du genou, moulé sur l'antique, de dessus la plinthe, laquelle est ronde jusqu'au sommet de la tête, 4 pieds 6 pouces.

La Vénus de Médicis, figure en pied, nüe, ayant un dauphin à côté de la jambe, sur laquelle elle pose et sur lequel se jouent deux enfants, moulé sur l'antique, d'environ 5 pieds.

Proche le parterre.

Sur un pied de marbre de Languedoc, de 2 pieds 9 pouces de haut, est une urne de marbre noir de 4 pieds 1/2 ou environ, terminé par une pomme de pin sur le couvercle duquel sont des cannelures, et sur la panse des godrons, et a pour anses des testes d'aigles qui se terminent en feuilles, dont un a le bec cassé. — Item, une autre pareille, à laquelle manque une anse et une partie du corps et de la panse.

Vis-à-vis le Château-Neuf, du côté du bois.

Une urne de marbre blanc terminée par une pomme de pin dont le dessus est orné ; autour du corps sont des jeux d'enfants, la panse est ornée de canaux avec fleurs dedans. Il a pour anses deux têtes de Satyres, sur le corps du pied sont quatre feuilles d'eau avec des fleurons entre. Il a 5 pieds 1/2 de haut et 3 pieds 1/2 de diamètre. — Item, une autre pareille.

Une figure de femme nüe, posant sur la jambe gauche, tenant de la main gauche une coupe et de la droite une gerbe de bled dont un épy luy couvre le milieu de la figure, ayant un animal à ses pieds, au-dessus de la plinthe, laquelle est ronde, 5 pieds 4 pouces.

Une Cléopâtre en pied, nüe, posant sur la jambe droite, tenant de ses deux mains un serpent qui luy pique le sein, à côté d'elle est un petit vase, mesures idem.

Dans le bois.

Un gladiateur, aussi de bronze, moulé sur l'antique, de la grandeur de l'original.

Façade du château.

Sur des consoles de pierre sont des bustes de marbre.

Au trumeau de l'avant-corps du château, un buste de marbre blanc ayant sur la tête deux ceintures, dont une est unie et l'autre formée de lauriers, ayant un joint au col, sur un piédouche de marbre blanc.

De l'autre côté est un buste coiffé d'un casque, vêtu à la romaine et ayant un mascaron sur la cuirasse, qui est écaillée.

Sur la terrasse du côté de la galerie.

Un buste de femme antique auquel il manque le nez et le menton, coiffée d'un voile, un joint au col, le corps drapé, piédouche idem.

Un buste de femme dont le corps est vêtu, ayant une espèce de bavolet attaché à un bouton, piédouche idem.

Un buste de femme antique ayant un joint au col ; le corps est vêtu d'une chemise qui lui laisse l'épaule droite nue, piédouche idem.

Un buste d'Alexandre coiffé d'un casque, ayant une queue de cheval sur la cime, dont le corps est vêtu à la romaine, piédouche idem.

Un buste de femme dont le nez est remastiqué, le corps vêtu d'une chemise et d'un morceau de draperie, qui lui couvre l'épaule et la mamelle droite, piédouche quarré.

Au bout du grand pavillon au-dessous du balcon.

Un buste d'homme antique dont le nez est restauré, ayant un joint au col, le corps vêtu à la romaine, piédouche idem.

Dans le balcon.

Un buste d'empereur, dont le corps est vêtu à la romaine, de marbre de Sicile, sur un piédouche de marbre veiné.

Sous le balcon du pavillon opposé.

Un buste d'empereur, dont le corps, vêtu à la romaine, est enveloppé d'un morceau de draperie qui lui couvre les deux épaules, qui est de marbre de Sicile, sur un piédouche de marbre veiné.

Au-dessus.

Un buste antique à la romaine sur un piédouche de marbre blanc.

En suite.

Un buste de femme coiffé d'un diadème, dont le corps est vêtu d'une chemise et d'un morceau de draperie qui couvre les épaules et les deux mamelles, sur un piédouche de forme carrée.

Un buste de Minerve dont la tête est antique, coiffée d'un casque sur lequel sont deux testes de bélier et un morceau de draperie qui lui couvre l'épaule gauche, sur un piédouche carré.

Un buste d'Hercule dont la tête est antique, ayant une peau de lion sur la tête, dont deux pattes sont liées sur l'estomac, piédouche carré.

Le buste d'un jeune homme nud, coiffé d'un casque dont le bec est cassé, ainsi que le nez, ayant le menton restauré, le corps vêtu d'une cuirasse et d'un morceau de draperie sur l'épaule gauche, piédouche idem.

Un buste de femme antique dont le nez est restauré et le corps vêtu de marbre de couleur, a un joint au-dessus de la mamelle droite dont le bout est ruiné. Le piédouche de même couleur et marbre.

A la façade du pavillon de l'Étoile.

Bustes de marbre blanc.

Au trumeau d'un des bouts.

Un buste antique d'Agrippine dont le corps est drapé; la main et le bras droit sont enveloppés dessous; 2 pieds de haut, sur un piédouche de marbre blanc veiné; le nez est restauré.

A la façade du côté du parterre.

Un buste de femme dont la tête est antique depuis la naissance du col; le bout du nez restauré, le corps drapé sur un piédouche de marbre, mesure idem.

Un buste d'un jeune sénateur antique ayant les cheveux naissants, le nez restauré, le corps drapé, sur un piédouche de marbre blanc, mesure 2 pieds.

Un buste de femme coiffé d'un diadème dont la tête est antique jusqu'au milieu du col, ayant le nez et le menton restaurés, le corps couvert d'une draperie qui laisse voir la mamelle droite, sur un piédouche de marbre meslé de même mesure.

Un buste antique d'Agrippine, dont le nez est restauré depuis les sourcils avec la lèvre supérieure. Il a un joint au milieu du col, le corps est drapé, ayant une chemise dessous, piédouche de marbre blanc, mesure idem.

Un buste d'empereur ayant un cordon sur le front, qui lui ceint la tête, le corps vêtu à la romaine, un mascaron sur la cuirasse ; un morceau de draperie couvre les deux épaules, piédouche de marbre de couleur, mesure idem.

Un buste de femme, coiffée de ses cheveux, dont la tête est antique jusqu'au dessous du menton ; le nez est restauré, le corps vêtu d'une draperie qui laisse voir l'épaule gauche, piédouche de marbre meslé, même mesure.

Un buste de femme antique dont le col est cassé, le corps vêtu d'un morceau de draperie qui est noué sur l'épaule gauche, ayant une chemise dessous, sur un piédouche de marbre blanc, même mesure ; le bout du nez est mutilé, quoique restauré.

Un buste de Minerve dont la tête est antique, le nez restauré, le bec du casque dont elle est coiffée est restauré et n'a rien sur la cime ; un morceau de draperie, qui lui couvre l'épaule droite et lui passe sous la mamelle gauche, laisse voir l'égide qu'elle a sur l'estomac, sous lequel est une chemise, sur un piédouche de marbre de couleur. Il est moins grand que les précédents.

Un petit buste antique dont le bec est restauré ; un morceau de draperie qui lui couvre une partie du corps laisse voir une chemise qui lui couvre l'épaule droite, piédouche de marbre blanc ; le buste a 18 pouces de haut.

Un buste de Minerve coiffée d'un casque, sur lequel sont deux têtes de béliers, et, sur la cime, un sphynx auquel il manque la tête ; l'épaule gauche est couverte d'un morceau de draperie, l'égide qu'elle a sur l'estomac est écaillée avec une bête dessus, et dessous une chemise ; son piédouche, qui est quarré, est de marbre blanc et a 2 pieds de haut.

Un buste d'homme dont la tête est antique jusqu'à la naissance du col, les cheveux courts, le nez restauré, vêtu d'une draperie attachée à un bouton sur l'épaule droite, au-dessus de laquelle est une manche sur un piédouche de marbre veiné, mesure idem.

Un buste de femme simplement coiffée de ses cheveux; le bout du nez a été cassé, un morceau de draperie qui enveloppe le corps lui couvre l'épaule gauche et laisse voir une chemise qui est dessous. Son piédouche, qui est carré, est de marbre blanc.

Un buste antique d'Agrippine, dont le nez, le sourcil et le menton sont restaurez, ayant des joints au col, le corps vêtu, sur un piédouche.

Au pavillon bleu.

Un buste de femme coiffé d'une moutonne, remastiqué au col, le corps vêtu d'une draperie attachée à un petit bouton sur la mamelle gauche, sous laquelle il y a une chemise, piédouche de couleur.

Un buste de femme dont la tête est antique jusqu'au-dessus du menton, coiffée de ses cheveux en forme de diadème, le corps sans épaules, une chemise couvre le sein et un petit morceau de draperie l'enveloppe, piédouche de marbre de couleur.

IV.

DESCRIPTION

DU CHATEAU DE BELLEVUE ET DÉPENDANCES[1].

Le château de Bellevue est composé d'une enceinte de murs renfermant un principal corps de logis isolé sur le bord d'une terrasse. Quatre corps de bâtimens formant un quarré long du côté de Paris, servant de basse-cour et d'entrée, dont une des faces forme une aile sur la cour. — Un corps de bâtiment vis-à-vis de cette face, du côté de Sèvres, servant à la conciergerie, à la communication venant de Versailles et à une ménagerie. — Le surplus de l'enceinte est appli-

------

1. Cette description du château de Bellevue est annexée au contrat de vente du château, faite par Mme de Pompadour au roi Louis XV, le 27 juin 1757. Il y en a aussi une copie aux Archives nationales, O¹ 1515.

qué à un jardin renfermant différents bosquets, bassins, cascades et potagers. — Double terrasse sur la rivière, et une côte décorée en jardinage descendant vers la rivière et se terminant à une dernière terrasse bordant le grand chemin, sur laquelle il y a deux corps de bâtimens appelez Brimborion, décorez de son jardin particulier et potager. — L'enceinte est bordée vers les abords de différents corps de bâtimens servant aux portiers, gardes-magasins et autres services de la maison. — En dehors et adossée à la terrasse des Capucins, une hôtellerie composée de bâtimens à son usage, cours et jardins. Dans la plaine haute, un grand réservoir, rigolles et acqueducs pour communiquer l'eau aux fontaines du jardin et autres usages de la maison.

DÉTAIL DU CORPS DU CHATEAU.

Sousterrains.

Lesdits sousterrains sont appliqués au grand degré qui communique à deux pièces pour le caffé, une pièce pour l'échançonnerie, deux pièces pour le travail de l'office, une pièce pour dresser, une pièce pour la fruiterie, une cave au vin, une grande pièce pour l'argenterie et la panneterie, un caveau, une grande pièce communiquant à la seconde terrasse, et une autre pièce communiquant au passage qui va aux cuisines; toutes lesdites pièces garnies de leurs tablettes, armoires et autres ustensiles fixes et à demeure, et cinq distributions d'eau dans cinq auges.

Rez-de-chaussée.

Ledit rez-de-chaussée, composé d'un vestibule sur la cour, décoré en architecture et sculpture en pierre, niches avec figures et piédestaux en marbre et pavé en marbre, quatre buffets, dont deux avec dessus de marbre et deux unis. — Un grand salon dans le double sur la rivière, servant de salle à manger, richement décoré en menuiserie et sculpture, quatre trumeaux en glace, dont deux figurent avec les croisées, cheminées et pavé de marbre, et toutes les ferrures en bronze doré. — Un grand cabinet de compagnie à droite, décoré de menuiserie et sculpture dans son pourtour, avec corniche en sculpture, orné de sept parties en glaces, deux pieds de table en console dorée, couronnes de leur table de marbre, cheminée de marbre, les ferrures des portes et croisées en bronze doré et ladite pièce parquettée. — Une petite gallerie ensuite (sur laquelle il y a une entresolle), revêtue de boiserie et de sculpture, ornée de quatre parties de glaces, dont deux trumeaux, deux portes avec glaces blanches, les ferrures des portes et croisées en bronze doré et ladite pièce parquettée. — Une garde-robe de commodité éclairée par la porte de glace sur la petite galerie, boisée entièrement, avec panneaux pour recevoir des papiers de la Chine, carrelée de petits carreaux de marbre. — Un second cabinet, destiné pour la musique, décoré dans tout son pourtour de lambris de hauteur, quatre parties de glaces avec leurs bordures dorées, un chambranle de marbre à la cheminée, les bronzes dorés aux portes et croisées et laditte pièce parquettée. — Un grand degré de pierre derrière la petite gallerie, ayant son entrée par le côté du vestibule, décoré d'une riche balustrade et de peinture à huille sur tous les murs. — Un degré de commodité derrière la pièce de musique, communiquant à tous les étages. — L'autre côté à gauche du sallon est appliqué à une chambre à coucher, de toute la hauteur de l'étage, ornée en partie de lambris de hauteur, décorés de trois parties en glace avec leurs bordures richement sculptées et dorées. Le reste en lambris d'appuy pour recevoir une tapisserie, bronzes dorés aux portes et croisées, cheminée de marbre, corniche ornée, ladite pièce parquettée, un pied de table entre les croisées à un cabinet sur l'angle, avec entresolle au-dessus, décoré de lambris d'appuy dorés et vernis, le surplus pour recevoir une tapisserie avec des bordures dorées, un dessus de cheminée en glace, bronzes dorés aux portes et croisées, cheminées de marbre, la pièce parquettée. — Un degré ensuitte servant à monter aux entresolles. — A un cabinet pour garde-robe de chaise avec entresol, boisé dans toute la hauteur et verny, avec des vuides sur les murs dans les panneaux d'en haut pour recevoir des tapisseries et un trumeau de glace dans un renfoncement. — A une pièce ensuite servant de bibliothèque, ayant aussi entresolle, boisé tout au pourtour en corps de bibliothèque et verny, glace sur la cheminée avec bordure dorée, cheminée de marbre, bronzes dorés aux portes et croisées, ladite pièce parquettée. — A un passage dans le double, communiquant à une garde-robbe, et une antichambre sur le vestibule et entresolle sur la totalité; ladite antichambre boisée en entier, cheminée de marbre et glace sur la cheminée. — A gauche du vestibule sur la cour, un passage retranché pour une chambre de suisse derrière un degré pour monter le service aux entresolles. — Ensuitte de ce passage, une grande pièce pour les officiers des gardes, de toute la hauteur de l'étage, décorée de lambris d'appui, un bas de buffet, dessus de cheminée avec glaces, cadre au-dessous sans tableau, cheminée de marbre, le tout peint en blanc.

Entresolles sur le re{-de-chaussée.

L'entresol au-dessus de la petite galerie, côté du grand cabinet sur la garde-robbe et sur partie du degré de dégagement sont apliqués à trois pièces, dont une pour servir de garde-robe aux habits, les deux autres de chambre de domestique. — L'autre côté au-dessus du cabinet de l'angle est appliqué à un pareil cabinet boisé en entier, sculpté, le tout peint sur les champs et verni de chipolain, les panneaux non garnis, glace sur la cheminée, cheminée de marbre, ledit cabinet parquetté. — De l'autre côté du petit degré et au même plein pied au-dessous de la garde-robe et bibliothèque, quatre pièces, dont une petite antichambre, une oratoire, une garde-robe, un cabinet de retraite, le tout boisé de hauteurs et panneaux vides, dorés, peints en fleurs et chipolain, une cheminée de marbre, un dessus de cheminée, six glaces blanches aux portes avec les bordures et ferrures de bronze doré, le tout parquetté. — Sur le passage, garde-robe et antichambre dudit passage allant à la pièce des officiers des gardes et chambre du suisse, deux pièces à cheminée décorée de lambris d'appui au-dessus, deux dessus de cheminée avec glaces.

Premier étage.

Le premier étage est appliqué à l'appartement du Roy, sur toute la face de la rivière, son service, une chapelle, trois appartemens sur la cour. — L'appartement du Roy consiste en un degré peint dans toute sa cage avec architecture en perspective. — Une grande antichambre décorée de lambris d'appui, une glace sur la cheminée dans sa bordure dorée, la cheminée de marbre et la pièce parquettée. — Un grand cabinet occupant l'avant-corps du milieu, décoré de corniches sculptées, lambris de hauteur dans trois faces, l'autre en lambris d'appui pour recevoir une tapisserie dans des cadres dorés. Cinq parties en glaces avec une bordure, dont une formant la porte allant à la chapelle, avec ses bordures de bronze doré, deux pieds de table en consolle entre les croisées avec les dessus de marbre, une cheminée de marbre avec sculpture, ferrures de bronze doré aux portes et croisées, deux pieds de table en consolle avec leurs dessus de marbre, ladite pièce parquetée. — A une chambre à coucher ensuite, avec corniches et ornements de sculpture, boisée dans la moitié de son pourtour, enrichie de sculpture, le reste avec lambris d'appuy pour recevoir des tapisseries dans des cadres dorés, le tout peint en chipolain, trois parties avec glaces et leurs bordures richement ornées et dorées de différents ors, un pied de table à deux consoles avec son dessus de marbre, ferrures de bronze doré aux portes et croisées, cheminée de marbre, la pièce parquettée. — A un petit cabinet sur l'angle, boisé de hauteur, doré et peint, compris la corniche, sur les panneaux en fleurs, ornemens et sujets, le tout verny et poly par Martin, deux bordures dorées, et peintes et vernies pour deux dessus de porte, glace sur la cheminée avec sa bordure et couronnement idem, cheminées de marbre, bronzes dorés d'or moulu aux portes et croisées, la pièce parquettée. — A un petit degré de dégagement ensuite. — A deux petites pièces ensuite, dont la première, pour faire le caffé, boisée et vernie de plusieurs couleurs, avec panneaux en étoffe et cadres qui les renferment, un dessus de cheminée en glace avec sa bordure dorée, cheminée de marbre, bronze doré aux portes et croisées, la pièce parquettée. — Celle joignante, servant de garde-robe de chaise, décorée de même, avec glace blanche à la porte. — A trois pièces et corridor derrière, à l'usage du premier valet de chambre, dont la chambre est boisée de lambris d'appuis pour recevoir tapisseries, cheminée de marbre, glaces sur la cheminée, les deux autres pièces servant à garde-robe et chaise. — A une grande pièce dans le centre du pavillon, éclairée en lanterne, dans le fond de laquelle est un renfoncement fermé de deux portes, où est l'autel de la chapelle et sacristie, garnie de son retable et crédance; dans la sacristie un bas d'armoire, ladite grande pièce boisée de hauteur, peinte en blanc et garnie de deux grands bas d'armoire pour contenir les lits de veilles, ladite pièce en liais et marbre. — A droite du grand pallier du degré, l'appartement nº 1, appliqué à une grande chambre à l'angle du bâtiment sur la cour et jardin, une garde-robe de chaise, une de domestique, ladite grande chambre boisée, avec lambris d'appui pour recevoir tapisseries, glace sur la cheminée, cheminée de marbre, la garde-robe de chaise boisée en entier, avec panneaux pour recevoir une tapisserie. — Un appartement nº 2 sur le vestibule, composé d'une chambre, cabinet, garde-robe de chaise et garde-robe de domestiques, boisé dans le goût de celui ci-devant, glace sur la cheminée, cheminée de marbre. — Un autre appartement sur l'angle nº 3, composé d'une antichambre, chambre garde-robe et chaise, boisées idem à ceux ci-dessus, une glace sur la cheminée qui est de marbre.

Mansardes.

Cet étage est appliqué au degré particulier qui y monte de fonds à un corridor octogone, autour d'une terrasse de plomb qui est dans le centre où est la lanterne de la chapelle; au-dessous, ledit corridor communiquant à huit appartemens, savoir : Le nº 4 sur la cour, consistant à une petite chambre à niche, petit cabinet, garde-robe de domestique, garde-robe de chaise, la chambre boisée de hauteur, dessus de cheminée avec glace, cheminée de marbre, le petit cabinet et la chaise avec lambris d'appui pour tapisserie à l'un et en papiers de l'autre. — Le n⁰ 5, consistant en une petite antichambre, une chambre à niche, garde-robe et chaise, la chambre boisée en partie de lambris de hauteur et lambris d'appuy pour tapisserie, une glace sur la cheminée qui est de marbre, en petite garde-robe et lambris d'appuis avec papiers de la Chine. — Le n⁰ 6, composé d'une petite antichambre, chambre à niche, petit cabinet, garde-robe de chaise et garde-robe de domestique, boisée partie en lambris de hauteur et partie en lambris d'appui pour recevoir tapisserie, glace sur la cheminée, qui est de marbre ; le petit cabinet avec lambris de hauteur et d'appuis pour tapisserie ; dans la petite garde-robe de chaise, lambris de hauteur et papiers de la Chine. — Le n⁰ 7 est composé d'une chambre, petit cabinet, garde-robe de domestique et garde-robe de chaise ; la chambre est décorée de lambris de hauteur et d'appuis pour tapisserie, une glace sur la cheminée, une cheminée de marbre ; dans la garde-robe de chaise, du lambris de hauteur avec papiers de la Chine. — Le n⁰ 8, de même dimention que le n⁰ 6 ci-dessus, même menuiserie, glaces et cheminée de marbre. — N⁰ 9, de même dimention et décoration que le n⁰ 5 décrit ci-devant. — Le n⁰ 10, de même dimention et décoration que le n⁰ 4 ci-dessus. — Le n⁰ 11 est composé d'une chambre, une garde-robe de chaise, une garde-robe de domestique, la chambre est boisée, le lambris de hauteur et d'appuis pour recevoir la tapisserie, glace sur une cheminée de marbre. Dans les quatre croisées d'angle du corridor, il y a quatre grands coffres de menuiserie pour mettre le bois.

AILE DES BAINS, SERVANT A LA CONCIERGERIE, APPARTEMENS
DE SEIGNEURS ET DE SERVICE.

Ladite aile est appliquée à un rez-de-chaussée avec plusieurs entresolles et un étage de mansardes dans le millieu, un passage pour la communication de Bellevue à Versailles, une petite aile en retour pour l'usage de la conciergerie et du suisse du château.

Rez-de-chaussée.

La partie à gauche est appliquée à un logement du concierge composé de douze pièces, compris quatre entresolles et un grenier ; la première pièce, servant de salle, est boisée, partie de hauteur et partie de lambris d'appuis pour tapisseries, une glace sur la cheminée, qui est de liais, la seconde chambre, servant de chambre à coucher, est boisée de lambris d'appuis pour tapisserie, glace sur la cheminée, qui est de liais avec tablette de marbre, un cabinet dans le semi-double avec lambris d'appui pour tapisserie, un degré montant aux entresolles, trois pièces servant à la lingerie, garnies de leurs corps d'armoire de toute la hauteur, fermées de portes, garnies de tablettes, un grenier sur le logement du suisse du château, lequel logement est composé de deux pièces à cheminée. — La partie à droite contient un degré, un appartement n° 12 et celui des bains. — Lesdits deux appartemens appliquez à une antichambre commune, la chambre des bains décorée avec lambris de hauteur et d'appui pour tapisserie, un dessus de cheminée, laquelle est en marbre, et deux dessus de trumeaux de glace. Le cabinet ensuite, servant de salle de bains, décoré de lambris en hauteur de marbre, carreau et cheminée de marbre, glace sur la cheminée, robinets dorés destinés à une baignoire. — La chambre à gauche de l'antichambre avec lambris de hauteur et d'appui pour tapisserie, une glace sur la cheminée de marbre, deux garde-robbes de chaises, boiseries de lambris d'appuis, papiers de la Chine, deux garde-robes boisées de lambris d'appui, l'une en tapisserie, l'autre peint en couleur de bois. Les autres garde-robes en entresolles tout unies. Dans une des petites cages servant aux poules, un fourneau avec chaudière de cuivre et réservoirs à l'usage des bains.

Étage des mansardes.

Le n° 13 est appliqué à une antichambre, chambre à niche, cabinet de chaise et garde-robe, la chambre boisée de toute la hauteur, glace sur la cheminée et chambranle de marbre, les autres pièces avec tapisseries. — Le n° 14, une antichambre, chambre à niche, chaise et garde-robe, la chambre avec lambris de hauteur en partie, le reste, lambris d'appui pour tapisserie, glace sur la cheminée de marbre, le reste sans menuiserie pour tapisserie. — Le n° 15 est appliqué à une chambre à niche ornée de lambris de hauteur et d'appuis en partie pour tapisserie, glace sur la cheminée de marbre, le cabinet, la garde-robe de chaise sans menuiserie. — Le n° 16 est pareil au n° 15, sauf que la chambre est sans niche. — Le n° 17 est appliqué à une petite antichambre. Une chambre à niche, garde-robe et une chaise, la décoration pareille au n° 14 ci-dessus. — Le n° 18 pareil au n° 14, hors que la chambre est boisée dans la hauteur. Derrière ce corps de bâtiments est une partie close de murs, ayant au milieu un passage servant de communication du côté de Versailles, le reste séparé en quatre cours pour poulailliers, le tout entouré de treillages sur murs d'appuis, sur trois desquelles cours il y a six petits poulailliers, dont un est employé pour l'usage des bains.

BATIMENT VIS-A-VIS L'AILE DES BAINS,

Composé de quatre corps de logis, dont l'un fait face à celui des bains, un sur la rivière, un sur les potagers et le quatrième du côté de l'arrivée de Paris.

Lesdits quatre corps de bâtimens sont appliquez, savoir :

Rez-de-chaussée à commencer par la face sur la cour.

La partie à droite est appliquée à une salle de comédie, ornée très richement, tant pour la salle que pour le théâtre, ayant une saillie sur le fossé pour prolonger le théâtre dans les cas de nécessité. — La gauche est appliquée à une salle de commun, sans menuiserie que les portes et croisées, avec cheminées de liais. — Une salle des gardes boisée en entier en six pieds de hauteur avec porte-mousquetons et un dessus de cheminée pour recevoir un tableau. — L'aile en retour sur le jardin est appliquée à deux degrés par les bouts, à deux pièces pour la pâtisserie, une pièce pour les potages, une pièce pour la bouche, une pièce pour la rôtisserie et commun, une pièce pour la boucherie et une pour lavoir. Toutes ces pièces garnies d'ustensiles de tables et tablettes à l'usage des offices, hors la batterie. — L'aile du côté sur Paris est appliquée à un garde-manger, un grand bûcher, six remises dans le semi-double, desquelles il y en a une pour serre du jardinier avec trois entresolles au-dessus, une chapelle de commun de toute la hauteur, avec une pièce de domestique joignante et une entresolle dessus, lad. chapelle ornée de son retable d'autel, un tableau au-dessus et deux crédances. Dans le restant de cette aile, trois pièces pour servir avec un degré communiquant à deux autres pièces de services et entresolles. — L'aile du côté du potager est appliquée à deux degrés, une écurie de dix chevaux, une plus grande de vingt-sept chevaux, garnies de poteaux, barres, râteliers et deux coffres à lits. — Deux pièces ensuite avec leurs entresolles et leurs petits degrés particuliers joignant la salle de comédie pour les acteurs, sans menuiserie. — Dans la cour, quatre grandes auges de pierre avec fontaine pour l'usage de la maison.

Étage des mansardes.

L'aile sur la cour est appliquée par un bout à un vuide formant le dessus du théâtre et à cinq logements. Les deux logements I et H sont composés chacun d'une chambre, une garde-robe, un cabinet de chaise ; les chambres sont avec lambris d'appuis pour tapisserie, glace sur la cheminée, qui est de pierre avec une tablette de marbre. — Les deux logements F et G sont composez chacun d'une petite antichambre commune, une chambre et une garde-robe de domestique. Les chambres sont avec lambris de hauteur en partie, lambris d'appuy pour tapisserie, cheminée de liais, tablette de marbre et glace sur la cheminée. — Le logement E est appliqué à une petite antichambre, une chambre, un cabinet, une chaise, une garde-robe de domestique à cheminée; la chambre est décorée avec lambris de hauteur, lambris d'appui pour tapisserie, une glace sur la cheminée de marbre, le cabinet boisé en partie de hauteur, le reste en lambris d'appui pour tapisserie, la garde-robe avec cheminée de liais et tablette de marbre.

L'aile en retour sur le jardin est appliquée à deux degrés et différents logements. — L'appartement marqué KK est composé d'une antichambre, une chambre, un cabinet, une garde-robe de chaise, une garde-robe de domestique à cheminée; la chambre est ornée de lambris de hauteur et lambris d'appui pour tapisserie, la garde-robe avec cheminée de liais. — Le reste de l'aile est composé de cinq pièces, dont quatre à cheminée et une grande sans cheminée, le tout à l'usage de domestique de bouche, office et cuisines.

L'aile du côté de Paris est appliquée dans l'angle sur le jardin à une grande pièce pour domestique, une grande pièce dans le centre pour fourrage, une pièce pour magasin de vitrier et neuf pièces, tant chambres que garde-robe, dont quatre cheminées de liais à l'usage des domestiques, le tout sans lambris. Dans la pièce du fourrage, une cage pour l'horloge et tous ses mouvements bien faits et bien conditionnés.

La quatrième aile sur le jardin potager est appliquée à un appartement marqué AB, composé d'un passage, une chambre, un cabinet, une chaise et une garde-robe, la chambre avec lambris de hauteur et d'appuis pour tapisserie, glaces sur la cheminée, cheminée de liais, tablettes de marbre. Une grande pièce marquée C pour coucher la livrée. Deux grandes pièces servant à garde-meubles, entourées d'armoires de tablettes, dont une à cheminée de liais, une autre petite pièce, sans armoires, au même usage. Nota : que tous lesd. communs sont avec carreaux de liais.

PAVILLON DE BRIMBORION SERVANT DE LOGEMENT.

Ledit pavillon est appliqué à des caves, un rez-de-chaussée, un premier étage, un étage et mansarde et un comble en galetas au-dessus.

Rez-de-chaussée.

Le rez-de-chaussée est appliqué à un vestibule, une salle à manger à droite en entrant, un office dans le double, et dans le double du vestibule un degré; à gauche du vestibule, un cabinet séparé en deux par une cloison; dans le double, une pièce servant de garde-robe; la salle à manger est boisée dans tout le pourtour de la hauteur, un chambranle de pierre et tablette de marbre. Glace sur la cheminée et un trumeau vis-à-vis, dans un renfoncement une cuvette de marbre, sur une console de pierre peinte en marbre, dans l'office derrière, un petit réservoir en plomb, les autres pièces du rez-de-chaussée toutes nues.

Premier étage.

Le premier étage est appliqué à une antichambre sur l'office, un grand cabinet de compagnie, une chambre à coucher, un cabinet sur l'angle sans cheminée et deux garde-robes sans cheminée; l'antichambre, deux dessus de portes, la pièce de compagnie est boisée entièrement de lambris de hauteur, ornée de quatre dessus de porte et quatre trumeaux de glace, compris le dessus de cheminée, qui est de liais avec tablette de marbre. La chambre à coucher est ornée de lambris de hauteur à la cheminée et aux portes, le reste pour tapisserie, cheminée de pierre avec tablettes de marbre, deux dessus de portes, une glace sur la cheminée.

Le cabinet avec dessus de portes, le reste avec bordures légères pour enfermer des papiers de la Chine.

Mansardes.

Laditte mansarde est appliquée à cinq petites chambres et leur garde-robe sans aucune décoration et les murs à nud, chambranle de bois aux cheminées. De lad. mansarde l'on monte par un petit degré particulier dans un comble en galletas susceptible de loger des domestiques.

BATIMENTS DES CUISINES ET ÉCURIES.

Led. corps de bâtiment est appliqué, au rez-de-chaussée, à une cuisine avec cheminée et jour servant à une buanderie, une pièce derrière sans cheminée, et par delà le degré montant à la mansarde à trois arcades pour former trois remises, dont deux fermées, celle tenant et communiquant à la cuisine, employée à une laiterie; derrière ladite laiterie, une pièce servant à vacherie, avec une entresolle dans le dessus. La seconde arcade fermée, appliquée à un bûcher. La grande pièce ensuite destinée à une écurie de six chevaux servant aussi de bûcher, avec une soupente en charpente; derrière ladite grande pièce un passage couvert, un degré, une pièce basse avec entresolle au-dessous à l'usage du jardinier de cette partie. — L'étage de mansarde au-dessus est appliqué à un logement au-dessus de la cuisine et garde-manger, sans autre décoration. Le restant dud. étage a une grande pièce ensuitte carrelée, plafonnée pour y tendre le linge, le tout couronné d'un comble en galetas pour fourrage ; sur l'étage du jardinier un grenier à son usage. — Ce corps de logis forme la cour de cette habitation, dont la porte cochère donne sur le grand chemin du côté de la rivière.

BATIMENT LE LONG DES MURS DU PARC.

Côté de Paris.

A droite de la grille en entrant, le pavillon en mansarde, et pièce en appentis ensuite, est appliqué à un logement de portier, consistant au rez-de-chaussée à un passage, un degré, deux grandes pièces dont une à cheminée, avec évier et fourneau, et une petite pièce ; l'étage en mansardes en deux pièces dont une à cheminée, le tout couvert d'ardoises. A gauche, un pareil pavillon et suite en appenty pour le logement du jardinier, appliqué au rez-de-chaussée, à deux pièces à cheminée, dont une avec four, et à un degré montant dans la mansarde, et comble de l'appentis à deux pièces, dont une à cheminée. — Un appentis ensuite en retraite sur celui ci-dessus servant de magasin au peintre. — Un grand corps de bâtiment ensuite, contenant trois pièces pour la boulangerie et logement dans le comble. — Un magasin ensuite, de trois croisées pour doubles chassis et persiennes, une pièce d'une croisée pour fruiterie, communiquant au jardin potager, deux pièces ensemble de trois croisées servant de serre au jardinier, avec galletas au-dessus, lad. serre communiquant au potager et au dehors. — Un grand magasin de quatre croisées pour les décorations de l'opéra. — Un apenti en retraite du corps de bâtimens avec deux forges pour le service.

Côté de Sèvres.

A droite de la grille en entrant est un grand bâtiment avec toit à la française, servant de logement à un portier, composé de trois pièces à cheminée, un grenier au-dessus ; à la suite et appliqué au mur de clôture, un poulailler. — Du même côté, un bâtiment composé d'un rez-de-chaussée à l'usage de la maréchaussée, consistant en une pièce à cheminée et une écurie à deux chevaux de suite, et, adossé au mur de clôture, un petit chenil ou poulaillier. — A gauche de la grille et en retour le long du mur du jardin bordant l'allée extérieure, quatre corps de bâtimens, séparés par des cours ; le premier, et plus près de

la grille, servant de magasin, un grand bûcher et une boutique pour
le menuisier, formant une pièce à cheminée ; le second servant au
couvreur et au charpentier, dont une pièce à cheminée ; le troisième
servant aussi au charpentier et au maçon dont une pièce à cheminée,
et le quatrième servant aussi au maçon, dont une pièce à cheminée ;
lesdits bâtimens avec leurs portes et croisées sans aucuns accessoires.
Tous ces bâtimens sont avec des combles à la française, couverts en
ardoise, servant de petits greniers.

BATIMENS DE L'AUBERGE.

Cet établissement, qui est au-dessous de la terrasse des Capucins et
attenant la porte du parc, est appliqué à un premier emplacement
entouré de bâtimens et formant une cour au milieu. Un principal
corps de logis construit d'un rez-de-chaussée et d'un étage en mansardes, composé au rez-de-chaussée d'un degré, une grande cuisine et
une salle ; à l'étage de mansarde, le même degré, deux pièces à cheminée et cabinet. — A droite de la porte cochère, une aile composée
d'un rez-de-chaussée contenant quatre pièces dont trois à cheminée ;
en retour, une petite cour avec un petit appentis et des fourneaux ; à
la suite de cette cour, un appentis contenant trois remises. — Dans le
fond de cette cour, et faisant face à la porte cochère, un corps de
bâtimens formant au rez-de-chaussée une écurie de 37 à 38 chevaux
avec combles à la française, dans le dessus servant de greniers. En
retour, vis-à-vis les remises, des lieux, un poulaillier, un toit à porc.
— Dans la cour, un puits, deux auges. — Attenant cet établissement,
une autre enceinte qui en dépend, close de murs et appliquée à un
jardin potager en bon état et garni d'arbres fruitiers.

JARDINS.

Le jardin est distribué en différents bosquets bien plantés, ornés de
cascades, bassins et goulettes dont partie en marbre qui sont détaillés
ci-après. — Le jardin potager de toutes espèces en bonne valeur,
garni de tous ses ustanciles et cloches pour les primeurs. — L'extérieur des clôtures est planté d'avenues et forme une tête dont les
avenues se prolongent jusqu'au bois. Dans la plaine haute est un réservoir de quarante toises quarrées qui communique l'eau pour les jardins et la maison par des aqueducs, rigolles et conduites.

ÉTAT DES MARBRES QUI SONT DANS LE CHATEAU ET LES JARDINS
DE BELLEVUE, AUTRES QUE LES CHEMINÉES.

Château.

Dans le vestibule, deux figures de marbre dans les niches ; au pourtour en dehors, douze bustes de marbre et leur piédouche en console.

Jardins.

La statue du Roy sur son piédestail et une marche qui porte le pied d'estail. — Une figure d'Apollon sur son piédestail, une partie ronde en compartiments qui porte le baldaquin, deux Naïades dans le bosquet de la cascade, deux grandes nappes et tablettes du bassin de ladite cascade, tablettes des bassins.

Nogent-le-Rotrou, imprimerie DAUPELEY-GOUVERNEUR.

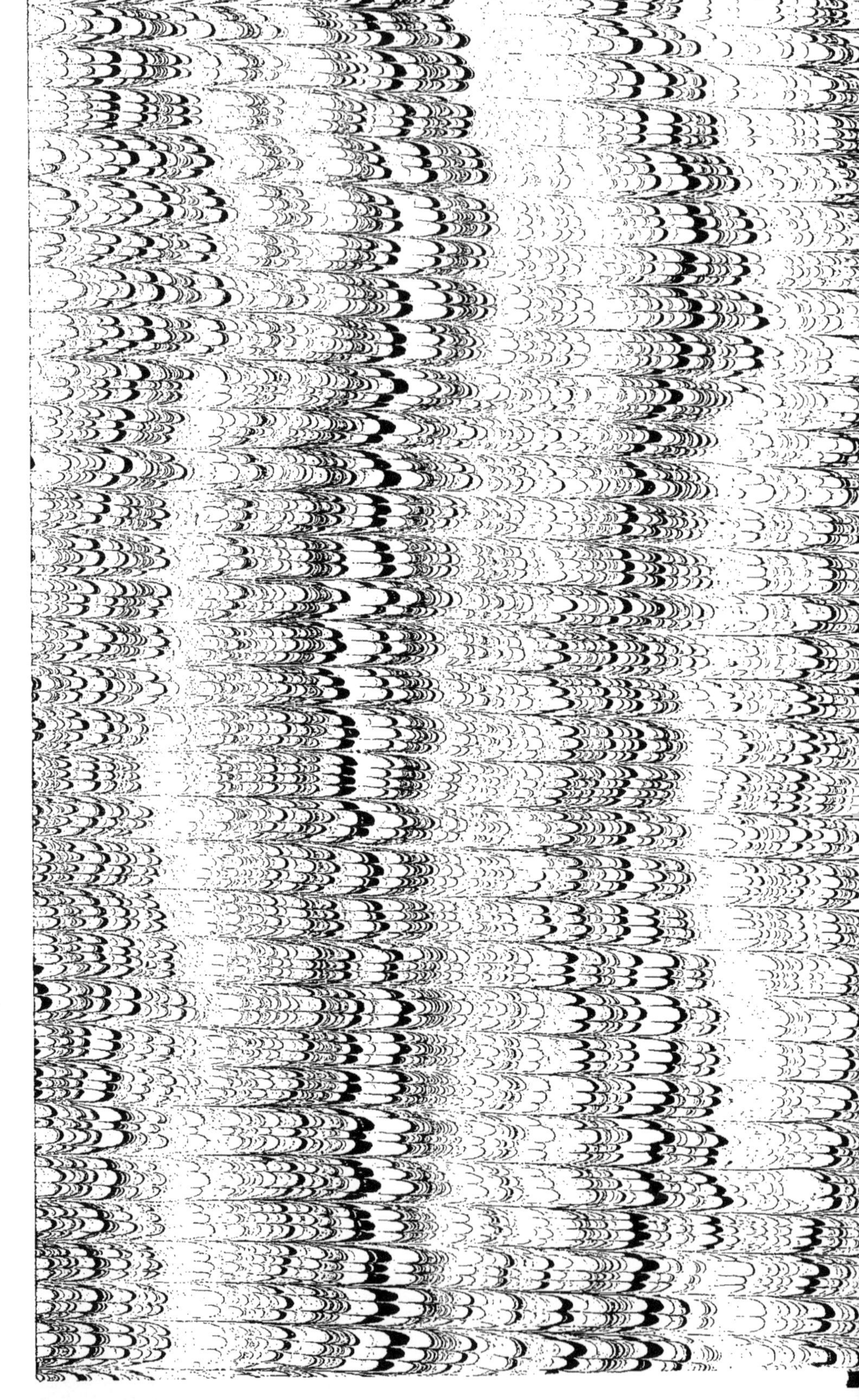

BIBLIOTHEQUE NATIONALE DE FRANCE

3 7531 04273315 5

www.ingramcontent.com/pod-product-compliance
Ingram Content Group UK Ltd.
Pitfield, Milton Keynes, MK11 3LW, UK
UKHW021932070726
13614UKWH00001B/386